《这里是深圳》编委会 ◎ 编著

这里是深圳

I'M SHENZHEN

U0454661

深圳出版社

图书在版编目（CIP）数据

这里是深圳 /《这里是深圳》编委会编著. -- 深圳：
深圳出版社, 2024. 11. -- ISBN 978-7-5507-2828-8

Ⅰ. K926.53

中国国家版本馆CIP数据核字第20242VZ038号

这里是深圳 ZHELI SHI SHENZHEN

出 品 人	聂雄前
策划统筹	张绪华
责任编辑	何旭升　胡小跃
责任技编	梁立新
封面设计	李尚斌　吴圳龙

出版发行	深圳出版社
地　　址	深圳市彩田南路海天综合大厦（518033）
网　　址	www.htph.com.cn
订购电话	0755-83460239（邮购、团购）
印　　刷	中华商务联合印刷（广东）有限公司
开　　本	787mm×1092mm 1/16
印　　张	28
字　　数	643千字
版　　次	2024 年 11 月第 1 版
印　　次	2024 年 11 月第 1 次
定　　价	188.00 元

目录
CONTENTS

第九章　园

后记

你的城市

你认真"看"过你生活的城市吗？

从历史书籍和地球仪上寻找它，用无人机鸟瞰它，或者站在人头攒动的街道，伸直了脖子，眺望它蜿蜒曲折的天际线。

大多数时候，你不会专门去"看"它。对你而言，城市是无比熟悉的景观和居所，是习以为常的体验和感受，是高楼、道路、车流、大海、山丘、丛林，亲人、朋友、生活……还有不时遇上的"邻居"——它们藏身于河沟、公园和草地，近在咫尺，却叫不出名字。

你不需要意识到这是你的城市，你只需要享受它奉献给你的一切。

或许某个深夜，当你乘坐一架归航的飞机，一路颠簸，一身困倦，穿越厚重的云层，突然看到了大地上的万家灯火，就像璀璨夺目的星河，你突然发觉被她的温暖浸染，你也许会在心里默默地喊：这是我的城市！

上图：璀璨的城市

这是你的城市！

但是，你能说清楚它和别人的城市有哪些不一样的地方吗？

这本小书，就是写给一座"你的城市"。

在某些冗长的报告、文件或书里，"它"有可能是一沓厚重的数据、惊人的成就和宏伟的构想。其实，"它"的市龄也许比你都小，因为年轻而不为世人所熟知。

从历史文本里跳出来，由天空往下看，"它"位于一片海陆空衔接点，拥有类型丰富的地形和地貌；凑近一点，每时每刻都有数不清的小亮点，忙忙碌碌，从这里进出，那是往来世界各地的飞机、轮船、列车、汽车。

再近一点，悬停在闹市区的上空，感受一下这片狭窄土地上拥挤的人口和庞大的车流吧！然后，可以近距离认识一下你的"邻居"了：这里说的可不是人类……

这也许是一本内容简约的地理辞典和文明演进史，或是一张让你重新认知自己周边世界的时空导游图，这本书介绍的城市叫深圳，无论你是这里的原住民、新移民还是玩一下自拍就离开的游客，这里都有许多鲜活的故事值得你去探索。

尝试一下，像一名纪录片摄影师那样不断切换视角来观察和记录你"看"到的城市：

有时如同一只自由翱翔的黑脸琵鹭，有时如同一群雄壮行军的黄猄蚁，有时如同一块藏身海底、穿行岁月的鹿角珊瑚，有时就像一颗新生的琥珀，将你身旁的某个美妙瞬间凝固。

当你"看"城市的时候，并不仅仅是要对城市的物质外壳产生敬畏，更要尝试去触摸它澎湃不息的脉搏和生机盎然的内心。所以，除了去观察它和记录它，有时，也许需要像个哲学家那样去提问，甚至是不停地追问下去……因为，人类只有在追问中才产生思考，只有在思考中才会触摸到那些最本质最真实的问题，才有可能了然——自己存活的意义。

将"深圳"想象成一个人，一个由钢筋水泥、山川草木和亿万生灵共同构成的人，有血有肉，有情感，也有灵魂。城市自己也许不会发问，你却可以通过探索和思考，替它发现问题与寻求答案，并且帮助这里的"居民"更加清晰地认识城市、世界和——自己。

例如：我是谁？我从哪里来？我到哪里去？

那么，第一个问题：深圳是谁？

上图：在莲花山俯瞰城市中轴线

深圳是谁

深圳是谁？翻阅书籍或在网络检索，你能得到一堆答案：

深圳简称"深"，别称"鹏城"；

新中国设立的经济特区之一；

中国改革开放的窗口；

中国特色社会主义先行示范区；

全球影响力经济中心城市和国际化城市。

还有更多有趣的说法：

中国的超大城市；

中国人口密度最高的城市之一；

中国每平方千米经济产出最高的城市；

中国外来人口占比最高的城市。

每个说法都无比正确，都是从不同角度对深圳做出的一种有价值的概括和描述……但对你而言，可能还是有点抽象了。

"深圳"不仅仅应该是指这座城市的物质外壳或数字概念，也应该包括在这里的居民和他们的生活、这里发生过的事情和正在发生的事情……也许还要思考的是，假设这里的"居民"并非仅仅指人类，还指很早以前就在这里生活过的一切生灵，那么在曾经的时空里，这些生灵都经历了什么？或许知晓了这些过往的故事，对你而言，才能更深刻地明白，"深圳"这两个字，究竟意味着什么。

所以，先讲个更长的故事吧——"我们"人类和这个宇宙的故事。

上图：霞光里的深圳

我们和宇宙

让"我们"画三棵不同尺度的时间树吧。

第一棵，人类出现之前，时间是以亿万年来计算。

约 138 亿年前，宇宙诞生——时间开始了。

约 46 亿年前，地球形成——人类家园的起点。

约 40 亿年前，弥漫在大气中的水蒸气凝聚成最原始的海洋。

约 34 亿年前，地球上最早的单细胞生物出现，这是生命的起点。

约 4 亿年前深圳处于泥盆纪时期，荒原上长满原始植物。河流和海水里游弋着原始生命。

约 6600 万年前，恐龙是这片土地上的主人。

第二棵，人类文明出现，世界上终于有了"我们"。

让"我们"审视自己的这段历史，时间尺度将缩小到千百年：

约 7000 年前的咸头岭遗址是深圳迄今为止发现最早的人类遗迹。

公元前 214 年，秦统一了岭南，分设三个郡：南海郡、桂林郡、象郡。深圳地区属南海郡的番禺县，这是深圳第一次被划入中国版图。

公元 331 年，东晋设置东官郡，下辖宝安、怀安、兴宁、海丰、海安、欣乐六县，六县之首的宝安县取意"得宝而安"。这是深圳地区历史上最早建立的"采邑"和国家行政机构。

此后一千多年的历史风烟里，这方土地还不叫深圳，但有许多人从这里经过，也见证了许多重要的历史时刻。

右页上图：大鹏所城
右页下图：南头古城

公元 1279 年，南宋在崖山兵败，陆秀夫背负幼帝投海自尽。公元 1278 年，抗元重臣文天祥在海丰被俘，押解途经今天深圳市南部沿海的伶仃洋，写下千古绝唱《过零丁洋》。

公元 1394 年，明洪武二十七年，深圳地区增设东莞守御千户所（今南头古城）和大鹏守御千户所（今大鹏所城）。

公元 1668 年，"深圳"这个地名最早出现在清康熙《新安县志》。本地方言称田野间的水沟为"圳"，深圳的含义为村落边有深深的水沟。

公元 1842 年，鸦片战争失败，清政府将香港岛割让给英国。

公元 1860 年，英法联军攻陷北京，清政府割让九龙。

公元 1898 年，英国与清政府签订《展拓香港界址专条》，将新界租借给英国 99 年。

当时的新安县被一分为二，也就是今日的香港和深圳。

公元 1900 年，三洲田起义爆发，史称庚子首义。11 年后，辛亥革命成功。

公元 1949 年 10 月 1 日早 6 点，宝安县大鹏镇王母墟，近千人高唱《义勇军进行曲》，升起了自制的五星红旗，这是当天中国最早升起的五星红旗。16 天后，南头古城也升起了五星红旗，一个新的时代开始了。

第三棵，今天的深圳时间，"我们"再次缩小时间尺度，有时会精确到年月日。

公元 1931 年，广东省宝安县设立深圳镇。

公元 1953 年，宝安县政府由南头迁往深圳镇，或许这正是我们城市的缘起。

公元 1979 年 3 月 5 日，国务院批复同意广东省宝安县改设为深圳市。

公元 1980 年 8 月 26 日，第五届全国人大常委会批准国务院提出的《广东省经济特区条例》，宣布在深圳设置经济特区。这一天，成为深圳的生日。

三棵时间树上悬挂着深圳诞生之前的历史，经过亿、万、千、百年的演化历程，宇宙中才有了"我们"，"我们"又经过好多年的沧海桑田，才拥有了深圳这座城市。

上图： 来了就是深圳人

作为"我们"当中的一员，作为深圳的居民或朋友，"你""我们"和"深圳"能在此时此刻相遇，是多么珍贵而奇妙的事情啊！

如果幸运的话，你也许曾目睹过深圳这座城市像变神话一样出现在地平线上。20 世纪，深圳曾有过"一夜城"的绰号，至今它仍然在快速生长。

在这个星球上，深圳是一个难以复制的城市生长奇迹，它也是"我们"亲手创造的，适宜人类生活的美好家园。

深圳在这里

深圳在地球上的位置

地理坐标：东经113°43'至114°38'，北纬22°24'至22°52'，这就是深圳。只看抽象数字，你或许并不清楚意味着什么，让我们打开一盏台灯，转动一个地球仪，用灯光照亮东半球。

深圳地处欧亚大陆南端，太平洋西岸，中国南海北端，距离北回归线只有71.1公里。北回归线是太阳光能够直射在地球上的最北端，也是热带和北温带的分界线。在这个星球上，和深圳同一纬度的地区，有不少是沙漠和戈壁。而深圳背靠大陆，面朝海洋，因海陆之间的温差，享有南来北往的季候风，形成了亚热带海洋性季风气候。丰沛的降雨、充足的日照、持续的高温为多样生命提供了能量，使深圳成为四季常青、物种丰富的生态家园。

图 例

。 首都

⊢∙⊢ 洲界

▲ ▲ 山峰、火山

1：100 000 000

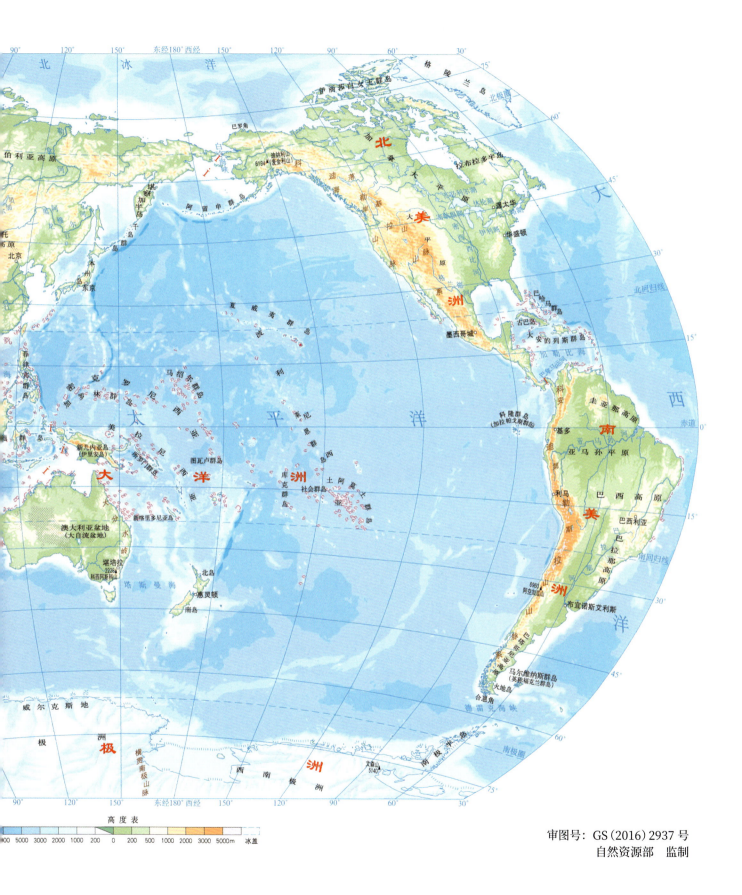

北 冰 洋

东经180°西经

北 极 圈

格 陵 兰 岛

伊丽莎白女王群岛

巴罗角

北回归线

大 西 洋

北

美

洲

拉布拉多半岛

麦金利山
6194

落
基
山
脉

大
平
原

密
西
西
比
河

阿
巴
拉
契
亚
山

华盛顿

渥太华

伯利亚高原

堪察加半岛

白
令
海
峡

千
岛
群
岛

阿留申群岛

托
木
斯
克
高
原

北京

本
州
岛

东京

夏威夷群岛

波
利
尼

墨西哥城

巴哈马群岛

古巴岛

大安的列斯群岛

加勒比海

菲律宾群岛

加
罗
林
群
岛

马绍尔群岛

密
克
罗
尼
西
亚

太

平

洋

美
拉
尼
西
亚

利

密
克
罗
尼
西
亚

夏
威
夷

西

科隆群岛
(加拉帕戈斯群岛)

基多

安
第
斯

亚马孙平原

圭亚那高原

南

美

洲

赤道

西

马
达
莱
纳
河

新几内亚岛
(伊里安岛)

俾
斯
麦
群
岛

所
罗
门
群
岛

图瓦卢群岛

库
克
群
岛

社会群岛

土阿莫土群岛

美
拉
尼
西
亚

利马

巴拉那河

巴西高原

巴西利亚

大

澳大利亚盆地
(大自流盆地)

大
分
水
岭

新喀里多尼亚岛

堪培拉
科西阿斯科山
2228

塔斯曼海

北岛

惠灵顿

南岛

拉
普
拉
塔
河

阿空加瓜山
6960

安
第
斯
山

布宜诺斯艾利斯

南回归线

南
洲

脉

巴
塔
哥
尼
亚
高
原

马尔维纳斯群岛
(英称福克兰群岛)

洋

合恩角

火地岛

德雷克海峡

威尔克斯地

南
极

横贯南极山脉

西 南 极 洲

南

极

洲

文森山
5140

南 极 圈

高 度 表

审图号：GS（2016）2937 号
自然资源部 监制

深圳在中国的位置

广东简称粤，在广袤中国的南方，"岭南"的东端，深圳在粤省南部。

深圳的陆地以深圳河为界，与南岸的香港相连；西北部毗邻东莞。西部沿海是珠江口，与中山、珠海、澳门隔海相望，东部的大鹏湾和大亚湾环抱大鹏半岛，与香港、惠州相邻，东北部与惠州接壤；西部沿海是湾区的海域向南连接中国南海，向东与太平洋汇合。

中国地图

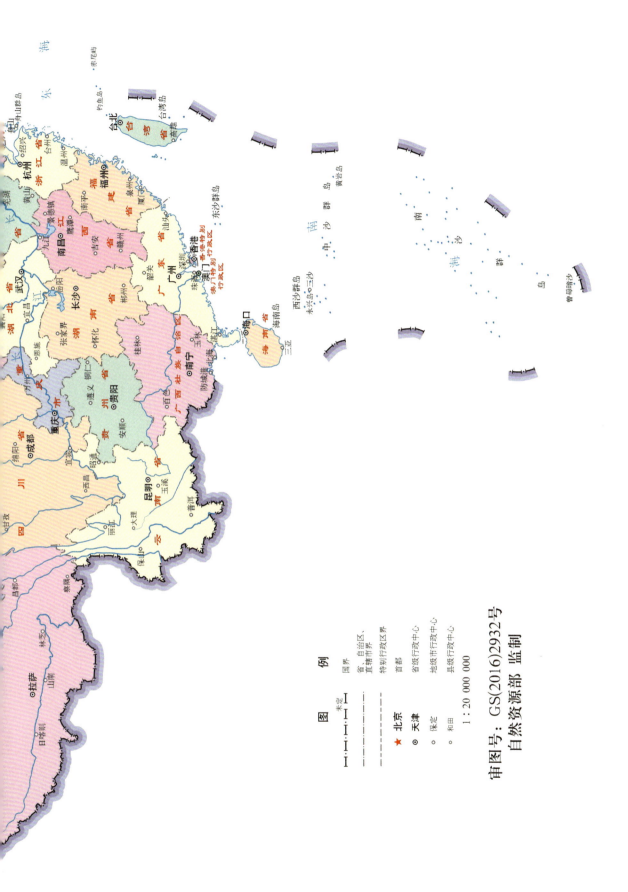

海
东

赤尾屿

舟山群岛

钓鱼岛
台北
台
浙 绍兴
湾
江 台州
杭州 省 温州 台湾岛
省 高雄
黄山 福州 ○ 南 沙 群 岛
芜湖 景德镇 福 宁德 黄岩岛

南昌 江 西 泉州
安 建 夏门 东沙群岛
武汉 九江 省 鹰潭 省 汕头
湖 宜昌 岳阳 吉安 赣州 广 深圳 香港(香港特别
北 长 省 韶关 州 珠海 澳门 行政区
省 江 湖 郴州 广 州 东 湛江 西沙群岛 三沙 南
恩施 怀化 南 桂林 省 海口 永兴岛 三沙市 中
张家界 省 南宁 玉林 海 三亚 沙
重庆 铜仁 防城港 北海 南 群
市 遵义 贵阳 百色 广 西 壮 族 自 治 区 岛 南
州 安顺 昭通 省 沙
重庆○ 成都 毕节 群
绵阳
四 宜宾 岛 曾母暗沙
川 西昌 昆明 南
丽江 玉溪 云
大理 省 普洱
保山
拉萨
山南

日喀则

图 例

——— 国界
—·—·—·— 省、自治区、
直辖市界
———— 特别行政区界
★ 北京 首都
◎ 天津 省级行政中心
○ 保定 地级市行政中心
◎ 和田 县级行政中心
1：20 000 000

审图号：GS(2016)2932号
自然资源部 监制

从地理位置看深圳

深圳在咸淡水交汇处，有山有海有湿地河流，所以生态资源异常丰富。

深圳处于粤港澳大湾区中心地带，又是中国南方的海陆空枢纽，位置重要，交通方便，有天然的经济地理优势。

深圳背靠大陆，面朝大海，连接着中国与世界，也连接了过去和未来，是这片大陆对外开放的窗口，也是这个古老文明实现中国式现代化的前沿。

上图：深圳地处欧亚大陆南端

我们的深圳

我们的深圳，面积非常小，大约只占地球陆地总面积的十六万分之一、约占中国陆地总面积的五千分之一。虽小，却创造了许多奇迹，见证了无数美好。

我们的深圳，只用 40 多年的时间，从仅有 30 万人的边陲小镇发展到今天的大都市，用 1997.47 平方千米面积养活了 1779.01 万的人口。

我们的深圳，户籍人口只占 30% 左右，有 1000 多万常住人口，他们说不同方言，拥有不同的文化饮食习惯，却能融洽生活在一起。

我们的深圳，是中国工业化、现代化、城市化速度最快的城市，陆域自然保护地面积占比 24%，有超过 2 万个物种给人类做邻居。

我们的深圳，是由一片绵延的陆地、4 个蜿蜒的海湾和 51 个星罗棋布的岛礁组成。它是一座临海而居、因海而生、向海而飞的城市。

所以，关于它的故事，将从一片海洋开始。

上图：深圳是临海而居、因海而生、向海而飞的城市

《这里是深圳》

02

CHAPTER TWO

HI IM

SEA

SHEN
ZHEN

海

一座城市的逍遥游
大鹏湾

空间

庄子《逍遥游》开篇写道："北冥有鱼，其名为鲲。鲲之大，不知其几千里也。化而为鸟，其名为鹏。鹏之背，不知其几千里也。怒而飞，其翼若垂天之云。是鸟也，海运则将徙于南冥。南冥者，天池也。"

南冥，极南之海，是否就是中国南海，已无从考证，但我们知道深圳陆地最东边是

大鹏半岛，大鹏半岛外侧（东边）是大亚湾，内侧（西边）就是大鹏湾。大鹏湾位于大鹏半岛与香港九龙半岛之间，属溺谷湾，有基岩海岸和局部砂质海岸，东、北、西三面环山，湾口朝着东南流向更广阔的南海。

看地图，我们会发现深圳是一座面向大海展开双翼的城市。

名志

深圳别名鹏城，源于大鹏半岛上的大鹏所城。大鹏半岛南部有大鹏山（今七娘山），山状如大鹏展翅，半岛名取自山名，海湾则因半岛而得名。

大鹏湾英文名为"Mirs Bay"，1778 年伦敦出版的中国海总图和 1816 年《东印度、

中国、澳洲等地航海指南》将该海湾标记为 "Mers Bay"。1855 年纽约出版的由 J.H. Colton & Co. 公司绘制的中国地图标记为 "Mirs B.（ay）"。1924 年曾宪尧所绘的《宝安县图》标注为 "大鹏海"。1941 年《广东省宝安县图》标注为 "大鹏湾"，这应该是它最早被命名为 "大鹏湾" 的记录。

族群

深圳的海域面积有 1145 平方千米，其中，大鹏半岛的海域占了二分之一的面积，在这片广阔幽深的世界里，生活着成千上万种生物，无论深海、岩岸、沙滩还是水陆交界的森林里，都能见到它们丰富多彩的身影。

大鹏湾海域，最值得关注的是一种古老而美丽的生物——珊瑚。

珊瑚是海洋里寿命最长的生物之一，在人类社会出现之前，就是这片海域的居民。一般来说珊瑚礁的成长速度是每年约 2 厘米，我们在海底见到直径超过 1 米的珊瑚礁年龄至少 50 岁，深圳近海的一些珊瑚礁甚至已经活了数万年。

上图： 大鹏湾

珊瑚喜欢温暖洁净又有礁石可固着的水域，对环境要求很高。大鹏半岛海域的盐度稳定，水质良好，加上适宜的海水温度，给了珊瑚们生长的空间。大鹏半岛的浅海区域零散地分布着一个个珊瑚群落，在大鹏湾、东西涌、杨梅坑海域有面积较大的群落。

如果珊瑚有记忆，从它的时间坐标看我们每个人的一生，也许就像是头顶的飞鸟或水面的蜉蝣。想象过和一个从宋代存活至今的珊瑚对话吗？它突然开口告诉你，一千多年前，文豪苏轼也许曾经写过它：

"神山一合五百年，风吹石髓坚如铁。"

十字牡丹珊瑚是大鹏半岛最常见的珊瑚种类之一，珊瑚群体由坚硬、强壮的叶片状珊瑚骨骼组成，生长速度很快。在十字牡丹珊瑚所形成的珊瑚礁中，保留了大量的格子状洞穴，这些洞穴为生活在珊瑚礁区的鱼类、蟹类和虾类以及千千万万的珊瑚礁生物提供了宝贵的生存空间和繁殖空间。

肉质扁脑珊瑚是大鹏半岛覆盖面积最广的珊瑚，生长速度并不快，但它对环境的变化也有一定的耐受能力。

左页图：海底蜂巢珊瑚
右页图：肉质扁脑珊瑚

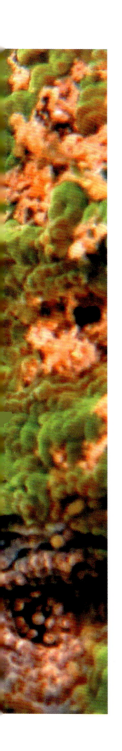

鹿角珊瑚是大鹏半岛生长速度最快的珊瑚之一，每年大约可以生长 3 厘米，多个个体聚集在一起可以形成宽 1~2 米的珊瑚群体。鹿角珊瑚形如其名，看起来就像一丛丛分枝的鹿角，非常好辨认。

部分珊瑚的细胞内有名为虫黄藻的共生海藻。虫黄藻可以进行光合作用，利用太阳能制造食物，将 90% 以上的食物提供给珊瑚，作为其能量来源。珊瑚也为虫黄藻提供了居住的场所和养分以及光合作用所需的二氧化碳。

拥有共生藻的珊瑚称为"造礁珊瑚"，没有共生藻的珊瑚称为"非造礁珊瑚"。我们所看到的斑斓色彩大多来源于与珊瑚共生的虫黄藻。可是一旦环境恶化，会引起虫黄藻死亡或离开，此时的珊瑚也就失去了美丽的色彩，变得灰白。如果环境继续恶化，白化的珊瑚就走向了生命的终点，只剩下白色的碳酸钙骨骼。

珊瑚被称为海底的热带雨林，从结构上看有多处缝隙、洞穴，为多种多样的海洋生物提供了栖息、觅食、活动和隐藏的场所。有珊瑚的海域，生物的多样性和丰富程度更高，这些小巧精美的家族在海底世代繁衍生息，彼此熟识，但是在近百年才被人类赋予了姓名。

若有机会在大亚湾和大鹏湾潜水，你就会看到躲藏在珊瑚里的奇妙生命。

依山向海的生灵乐园
大亚湾

空间

大亚湾位于深圳的东部，每天都迎来深圳的第一缕阳光。

大亚湾属溺谷湾，是广东最大的半封闭型海湾，湾口朝南，全年有近半时间波高不超过 0.5 米，湾内分布着众多屏蔽性极好的小湾，时常"平如镜湖"。汇入大亚湾的河流少且流量小，海水盐度稳定，极利于生物生长，拥有丰富的鱼盐资源。

名志

大亚湾曾名为"Bias Bay"，译作"白耶士湾""拜亚士湾"等。1816 年《东印度、中国、澳洲等地航海指南》将其标记为"Bias B（ay）"。1855 年纽约出版的由 J.H. Colton & Co. 公司绘制的中国地图标记为"Bias B.（ay）"。1941 年《广东省宝安县图》标注为"大亚湾"，这应该是最早的记录。

族群

历史上大亚湾畔的人类村墟一直规模不大，却是广东省最重要的渔港之一。拥有海洋生物 1300 多种，其中鱼类 400 余种、贝类 200 多种、甲壳类 100 多种、棘皮类 60 余种和藻类 30 多种，素有"南海水产资源的摇篮"之称，是我国唯一的真鲷鱼类繁育场、广东省唯一的马

上图：大鹏半岛国家地质公园

第二章　海

氏珠母贝自然采苗场以及多种名贵物种的幼体密集区，主要有石斑、黄鳍棘鲷、龙虾、青蟹、鲍鱼、栉江珧、海参、海胆、马尾藻等。

在大亚湾西北部岸线，有著名的大鹏新区坝光片区，其中有我国乃至世界上迄今为止发现保存最完整、树龄最大的天然古银叶树群落，银叶树数量达 300 多棵，树龄最大的超过 500 年，它的生命开始的时间是明代。

岁月

大亚湾的西部岸线上，陈列了亿万年前燕山地壳运动形成的地理奇观，拥有"山海相依、水火共融"的大鹏半岛国家地质公园，还有较场尾民宿小镇。

往南至湾口沿岸的东西涌海岸线，铺展着侏罗纪海岸带险峻陡峭的岩石地貌，被评为"中国最美八大海岸线"之一。

1983 年广东省人民政府批准建立"大亚湾水产资源省级自然保护区"，保护范围覆盖惠州、深圳约 985 平方千米海域。

始建于 1987 年的大亚湾核电站是中国首座引进先进技术、设备和资金建设的大型商用核电站，它提供的电力维系着香港、深圳等巨大型城市群的运转。

风尚

自 2007 年开始，每年 10 月，中国杯帆船赛都在深圳大亚湾海域举办，迄今已成功举办了 10 余届。2010 年，中国杯帆船赛被列入国际帆船联合会官方赛历。2016 年，第十届中国杯帆船赛吸引了世界五大洲 38 个国家和地区的 138 支参赛船队，超过 1500 名选手参加，近 5 万名观众现场观赛，彰显着深圳这座城市浓郁的海洋精神。

左页上图：
大亚湾的鹿嘴海岸地貌
左页下图：
坝光盐灶古村和古银叶树群

连通深港的黄金内海
深圳湾

空间

深圳在北，香港在南，深圳湾犹如一道天然的屏障，横跨在它们之间。深圳湾北岸是深圳市福田区、南山区，南岸是香港的元朗区。

深圳与香港历来关系密切。改革开放之初，香港的资金、技术和人才助力于深圳这座城市的起步发展，而毗邻香港更让深圳得风气之先。中国改革开放的试验田"蛇口工业区"当年选址在今日之南山，就是因为乘船到对岸、直抵香港特区中心的距离最近。

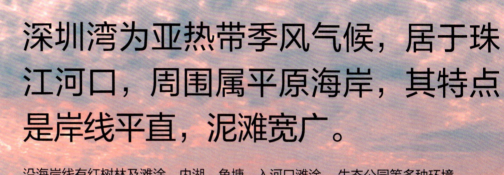

深圳湾为亚热带季风气候，居于珠江河口，周围属平原海岸，其特点是岸线平直，泥滩宽广。

沿海岸线有红树林及滩涂、内湖、鱼塘、入河口滩涂、生态公园等多种环境。

名志

深圳湾原名"后海（湾）"，后来因为湾顶有深圳河注入，遂改名为深圳湾。1866年意大利神父安西满测绘的《新安县全图》所注名称为英文"Deep bay"（意为"深湾"）。1894年岭南少岩氏绘制《新安县全图》所注中文名为"后港"（前海湾注为"前港"），英文名为"Deep bay"。1924年绘制的地图《宝安县图》记录为"深圳湾"。1977年广东省测绘局、惠阳地区革命委员会、宝安县革命委员会编绘的《宝安县地图》将该区域标注为两个名称，靠南头以南的半岛一侧（西北部）名"后海"，靠现深圳市福田区与香港特别行政区西部一侧（东北至西南部）名"深圳湾"。1987年出版的《深圳市地名志》记录为"深圳湾"。

族群

深圳湾是一个河口湾湿地，有两条自然河流入其中，分别是深圳河与大沙河，给深圳湾带来了丰富的矿物质和泥沙，这些泥沙是深圳湾厚厚滩涂层的重要组成部分。深圳湾靠近岸边的地方生长着大片红树林，这些红树林有效减缓了涨潮时海浪的冲击速度，减缓了海岸被侵蚀的速度，让内湾的泥滩成为大量留鸟和越冬候鸟重要的觅食地，每年有10万只以上的候鸟在深圳湾歇脚或过冬。

围绕这片海域，深圳一侧设有福田红树林自然保护区，香港一侧则有米埔自然保护区与后海湾拉姆萨尔湿地，共同构成了完整的深圳湾湿地生态系统，孕育了种类繁多的本地和迁徙性鸟类。

据调查，深圳湾共记录鸟类194种，其中卷羽鹈鹕、黑脸琵鹭、小青脚鹬、黑嘴鸥、白肩雕、褐翅鸦鹃等23种为珍稀濒危物种；有高等植物170种，其中红树植物9科16种，主要是秋茄、木榄、桐花树、白骨壤、老鼠簕等；有相当丰富的底栖生物，如弹涂鱼、招潮蟹、沙蚕等；此外，还有种类繁多的昆虫、藻类、两栖及爬行类动物和其他动植物资源。

在这里，最受深圳人喜爱的明星鸟黑脸琵鹭是国家一级保护野生动物。

左页上图：
飞翔的黑脸琵鹭

左页下图：
深圳湾红树林自然保护区

岁月

来自珠江和深圳河的淡水与海水在深圳湾交汇，使当地的渔业和蚝业自古以来都十分兴盛。深圳湾海域原是传统的生蚝养殖地，这里出产过著名的沙井蚝。距今 1000 多年前的宋代，这里就是世界上最早的人工养蚝地区。

到了清乾隆中期，养蚝业已发展到蛇口后海，即现深圳湾一带的海面。乾隆三十七年（1772 年），沙井蚝民因在后海一带养蚝而与当地渔民发生了不少矛盾。当时，渔民看到蚝民占据海面做蚝田，有碍其捕鱼捉虾，便在晚上偷偷地把蚝田捣烂，又拔掉围养的竹竿。这引起了双方的争执，后来还打了一场官司。管辖后海蛇口一带的官府，出于对当地渔民的保护，下令禁止沙井蚝民在后海一带开辟蚝田养蚝。这场官司的文本还刻立成一块《蒙杨老大爷示禁碑》。

1953 年，沙井蚝民向县政府申请在南头后海增放石头养蚝。直到 20 世纪 80 年代深圳经济特区建立时，深圳湾片区依旧有大量蚝排，养殖出产的生蚝因肥美而出名，被冠以"南山蚝"之名。

上图：
深圳湾超级总部基地

从 20 世纪 90 年代开始，随着深圳工业化和城市化的进程加快，后海片区在填海之后建起了大量工厂和居民楼，工业、生活污水也通过深圳河、大沙河等多条河流注入深圳湾，该海域的水质受到污染。深圳湾水流平缓，污水易在湾口游荡、难以排出。2007 年，为疏通航道和避免污染超标的海鲜流入市场，深圳市有关部门以补偿渔民和异地设养殖场的方式，将深圳湾海域 5000 多个蚝排和鱼排集中清理，从此蛇口片区海域不再有养殖业。

从 2014 年开始，深圳湾部分海域设立禁渔区，全年全时段，禁渔区内禁止一切捕捞和养殖行为。

风尚

2018 年 3 月，深圳决策成立了"深圳湾超级总部基地开发建设指挥部"，以"创新、智慧、绿色、共享"的建设理念，打造世界级滨海城市天际线，展示深圳的竞争力、影响力和创新引领型的全球城市形象。

与香港隔海相望的深圳一侧，未来既有全长近 17 千米的深圳湾滨海休闲带，所谓"最美都市海岸线"，还有深圳湾超级总部基地，目前已入驻多家世界 500 强总部企业，包括腾讯、阿里、百度、华润、迈瑞，涵盖金融、通信、互联网等领域。

一座融合了现代都市文明、自然生态文化和全球发展视野的未来城区已经呼之欲出。

零丁洋里叹零丁
内伶仃岛

空间

内伶仃岛位于深圳市西南，珠江口的内伶仃洋东侧，深圳湾湾口，处在深圳、珠海、香港、澳门之间，为广州通往香港和汕头的必经航道，近陆距离 8.21 千米，属深圳市南山区管辖。岛屿呈西北—东南走向，岸线长度 12.09 千米，陆域面积 5.54 平方千米。

名志

内伶仃岛古名零丁山，亦称伶仃山、伶仃洲。因独居海中而得名伶仃山，后为了区别于外伶仃岛，故改此名。清雍正年间《广东通志》记载："零丁山，在赤湾前海中，距城二百里，高一百丈，周围五里，四面环海，下为零丁洋。"清政府于 1812 至 1816 年间主持测绘的《广东省水道图》将其标记为"内伶仃"；于 1816 至 1832 年间测绘的《广东全省经纬地舆图》标记为"伶仃洲"；1881 年绘制的《七省沿海图》标记为"伶仃山"；1977 年广东省测绘局、惠阳地区革命委员会、宝安县革命委员会编绘的《宝安县地图》标注为"内伶仃岛"；2008 年《全国海岛名称与代码》中记载为"内伶仃岛"；2011 年，经海岛名称标准化处理，定为内伶仃岛。

族群

内伶仃岛数百年前曾有村舍和耕地。岛上还建有一座航标灯、一座水文站。岛南侧海域布满用于养蚝的蚝桩，岸上建有房屋，主要是渔民看护蚝桩的临时住所。

内伶仃岛是深圳市第一大岛屿，属亚热带海洋性季风气候，主要植被类型为乔灌丛林、马尾松和台湾相思树等，植被覆盖率达 93%。内伶仃岛是一个较为封闭的自然生态系统，保持着良好的生态环境，野生维管植物 133 科 379 属 569 种；苔藓植物 19 科 34 属 61 种；各类动物有兽类数十种，包括国家珍稀濒危保护动物猕猴，两栖爬行类 30 多种，鸟类近 110 种，昆虫超过 447 种。其中广东省内伶仃国家级自然保护区主要的保护动物猕猴在 20 世纪 80 年代仅剩 200 多只，经过多年保护后，其数量已上升到 1000 多只，它们在内伶仃岛上组建了一个繁荣的母系社会。

上图：
内伶仃岛成群的野生猕猴

右页图：
解放内伶仃岛纪念碑

岁月

清初屈大均所著《广东新语》记载："秀山之东，有山在赤湾之前，为零丁山。其内洋曰小零丁洋，外洋曰大零丁洋。文丞相诗所云'零丁洋里叹零丁'是也。小零丁洋有二石，一乌一白，对峙中流，高可百余仞。当时以为行朝双阙，今渔人称曰双箸，其海门则曰双箸门，此皆亡国遗迹也。"据清康熙年间编纂的《新安县志》记载："零丁山，在赤湾前海中，文天祥诗云：零丁洋里叹零丁。即此。"宋末爱国诗人文天祥的诗作《过零丁洋》流传至今，"零丁／伶仃"一名也广为人知。

风尚

内伶仃岛地处"珠江口的咽喉"，为控扼伶仃洋之战略要地。新中国成立之初，此处曾发生激烈战斗，中国人民解放军步兵 390 团为纪念解放内伶仃岛牺牲的 16 名烈士，曾在南头校场立"解放内伶仃岛纪念碑"。1984 年，解放内伶仃岛纪念碑被深圳市人民政府公布为市级文物保护单位。1995 年，该纪念碑重建于南头中山公园内，供后人瞻仰。

新中国的重要关口
大铲岛

空间

大铲岛位于南山区蛇口西面的前海湾海面，北隔前海湾与小铲岛相望，南隔前海湾与孖洲相望，近陆距离 1.11 千米，在内伶仃岛北 10 千米处。大铲岛是深圳市第二大岛，由深圳市南山区管辖，面积 0.92 平方千米，岸线长度 4.89 千米，邻近岛屿有小铲岛和孖洲。岛上现有大铲海关，已经建有数个登岛码头。

名志

大铲岛旧名大伞、大山等，因该岛形似铁铲，面积大于小铲岛，故名。据清康熙年间的《新安县志》记载："大伞、小伞洲，在县西南海中。"清政府于1864年绘制的《广东全图》将其标记为"大山"；1866年，意大利神父安西满测绘的《新安县全图》标记为"大山 Tai-shan"；1977年，广东省测绘局、惠阳地区革命委员会、宝安县革命委员会编绘的《宝安县地图》标注为"大铲／大铲岛"。此后，多处官方名录文献均记载该岛为"大铲岛"。

族群

大铲岛属于亚热带海洋性季风气候，岛上植被覆盖率较高，灌丛和台湾相思树乔木是岛上分布最普遍的植被类型。大铲岛上主要分布有林区、灌草丛和草丛，林区以台湾相思树、紫玉盘、蒲桃树、荔枝、布渣叶、苹婆等为主要植被类型；灌草丛，以九节、马缨丹、鬼画符、乌桕等为主要植被类型；草丛以红毛草、牛筋草、五节芒、芦苇、类芦、马唐等为主要植被类型。在环岛路周围还分布有人工园林，种植芭蕉树、簕杜鹃、椰子树、荔枝树等。

2011 年 4 月，大铲岛被列入国家第一批开发利用无居民海岛名录。

岁月

清光绪二十四年（1898 年），清政府与英国签订《展拓香港界址专条》，将深圳河以南一带（今香港）租借给英国 99 年，以北土地（今深圳）归清政府管理。专条签订后，大铲岛战略地位突显：此岛南为伶仃山，东为沙角，西为大角，由此进入即为内洋，为珠江口的咽喉之地。为防范英军突袭与海上走私，清光绪二十五年（1899 年），清政府在大铲岛建立海关，称九龙海关大铲分关。1986 年和 1987 年，大铲岛上先后发现两块"光绪二十五年九月""本关税务司立"的"九龙新关大铲厂界"石碑，现一块藏于中国海关博物馆，一块藏于广东省博物馆。

1949 年 10 月，宝安县陆地全部解放。而九龙海关还管辖着包括大铲岛在内的沿海岸线 10 余个海关支关。当时，海关名义上归属国民党领导，但控制权掌握在"税务司"（关长）英国人经蔚斐的手中。在中共地下组织的工作下，英国关长经蔚斐同意带领全关起义。同年 10 月 21 日，经蔚斐在香港通电北京，宣布接受中央人民政府海关总署的领导，由解放军"九龙海关军事接管委员会"接管九龙海关。

值得一说的是，后来的招商局掌门人、蛇口开创者袁庚，时任两广纵队炮兵团团长，派两个排组成的战斗队解放了大铲岛。1950 年 6 月，大铲支关恢复对外工作，曾百豪被任命为首任关长和军代表。大铲关成为新中国的重要关口。

2013 年 3 月 9 日，大铲岛分输压气站开始向香港特别行政区分输供气。西二线香港支线由大铲岛分输压气站、大铲岛陆地管道、海底管道和龙鼓滩输气末站四部分组成，全长 21 千米，是目前我国管径最大的海底管道，也是施工难度最大的海底管道。大铲岛站占地面积 8 万多平方米，是我国第一座海岛压气站，西二线香港支线经海底将大铲岛分输压气站与香港龙鼓滩输气站紧密相连，实现了中亚天然气供应香港的宏伟目标。

右页上图：
大铲岛俯瞰
右页左下图：
中国第一座海岛压气站
右页右下图：
九龙新关大铲厂界碑

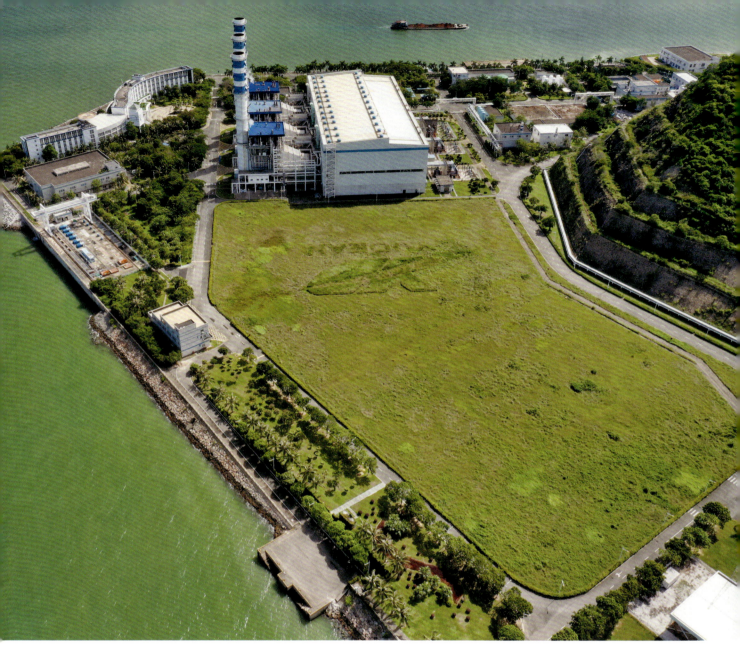

荒岛上的神秘岁月
小铲岛

空间

小铲岛为深圳第三大岛，仅次于内伶仃岛和大铲岛。地势西陡东缓，与大铲岛和南山蛇口隔海相望。

名志

小铲岛面积比大铲岛小，故名小铲岛。1980 年后国家及广东多部地名志均将其记载为小铲岛。

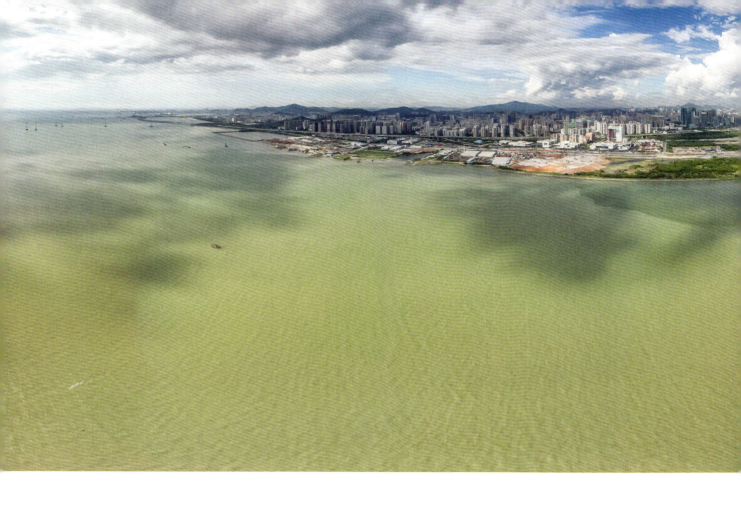

族群

岛上生态环境良好，灌木丛生，聚居这里的飞禽自由翱翔，林木间猴子等小动物出没嬉戏，是兼具保护性、观赏性的旅游胜地。

近年来岛上还发现了清代文物遗迹，这在深圳海岛中是唯一的。

2012 年年末，拟于小铲岛兴建一个海洋观测站。在施工时，意外发现一处六边形的建筑基座。

宝安区文管办、区文体旅游局随即组织专家赴小铲岛勘查。可当专家们登上小岛勘测时，发现古塔遗迹已基本被毁，在遗址周围发现两块文物残块。一块是门匾，上刻"独占"二字；一块碑刻，剩一"鳌"字和"光绪三年建"的题记。此外，还有少量绿色玻璃勾头滴水残片和带有彩绘的灰塑残块。专家们鉴定认为，该建筑原状应为六边形砖石结构的塔，建于光绪三年（1877 年），其外观为仿木结构的五层楼阁式造型，各层塔檐有琉璃瓦头镶檐口，檐壁有灰塑彩绘。在海岛上发现古塔遗迹，在深圳还是第一次。究竟是谁在这里兴建这座塔，又为什么修塔？周围居民也无人知晓。专家们依据遗址现状和经验推测，这座塔应该是风水塔，具有很高的历史价值。

勘测人员还意外发现了一把距今三四千年的石斧，专家根据其"带肩石斧"的特征及精细的做工，初步断定这可能是夏商时期的石器。虽然相距几千年，石斧仍很锐利。石斧被埋藏在地基下的黄土里，且掩埋石斧的黄土与岛上黄土成分一致。专家据此推测，该石器并非从外带入，而是由三四千年前在岛上的居民打制。

左页上图： 海天一色小铲岛
左页下图： 小铲岛俯瞰

风光旖旎的情人岛
赖氏洲岛

空间

赖氏洲岛属无居民海岛，面积为 42500 平方米，近岸距离约 500 米，岸线长度 1215 米。过去一直由西涌社区进行管理。从西涌海滩眺望，赖氏洲岛是一块馒头状巨型海礁，最高点约 63.8 米，两翼长约 250 米，呈东北—西南走向，礁体西北偏缓，东南陡峭。在海礁底部接近海面处，风化散落的礁石呈不规则形状延伸，形成投影图上吉他的形状。

族群

赖氏洲岛被碧海青波簇拥，岛上风光旖旎，有银白色海滩，海水碧蓝、清澈。

海水能见度为 6 米，在海中戏水，能见到小鱼在身旁游来游去，惬意至极。岛上还有一大片茂密的红树林，里面鸟语花香。

风尚

提起"赖氏洲"这个名字，很少有人知道，但说到"西涌海滩对面的小岛"，到过西涌的人几乎都会记得。从高空俯瞰，赖氏洲岛犹如一把漂浮在海面的吉他，荡漾的波纹与西涌湾遥相呼应，因为海岛及周边海域都富有浪漫情调，加之西涌沙滩远近闻名，游客潮涌，赖氏洲岛被称为"情人岛"。

温馨浪漫的心形岛
洲仔头岛

空间

小岛位于大鹏大澳湾洲仔头，距离大澳湾沙滩只有数百米，与香港东平洲海岸公园隔海相望。

名志

2016年7月，"潜爱大鹏"大鹏新区珊瑚保育志愿联合会理事、摄影师王晓勇在航拍中无意发现，从空中观望小岛就像两个相连的心形，洲仔头因此又得名"心形岛"。

族群

从航拍图片上可以看到，小岛不仅礁石形状类似心形，岛上面的树林也天然长成了心形。岛上的植物以热带海洋潮间带的木本植物——红树为主，红树的种子可任凭风吹浪打自由生根，所以这两座心形小岛的高颜值是纯天然的。岛上的海滩拥有深圳保存较为完好的潮间带生态系统，能够看到的贝壳类就多达10多种，如钉螺、塔螺等，还有虾虎鱼和枪虾等平时不易见的海洋生物，大潮退却后甚至能看到多种海葵和石珊瑚。

上图：
俯瞰洲仔头岛和优美的大鹏半岛海岸线

洲仔头岛如今以其浪漫的"心形"闻名，加之风景优美，成为不少游客向往之地。

这些风格迥异的海岛就像这片海域里性格不同的居民一样，它们的存在既保证了物种的多样性，又时刻提示着我们深圳是一座拥有海洋灵魂的城市。

03

CHAPTER THREE

MOUNTAIN

HI I'M SHEN ZHEN

山

深圳最高处
梧桐山

空间

梧桐山，位于广东省深圳市罗湖区，自西南向东北渐次崛起。在此远望，西可俯瞰
深圳市区，南与香港大雾山（海拔 957 米）呼应。梧桐山分布着三大主峰即小梧桐、
豆腐头、大梧桐，史称"三峰秀拔"，其中大梧桐海拔 943.7 米，为深圳第一高峰。

名志

明嘉靖四十年（1561年）黄佐所著的《广东通志》中已经记载："又南七十里曰梧桐山（其木多梧桐）。"深圳当时属东莞县，即明朝时该山已被称为梧桐山。清康熙年间《新安县志》也有记载："梧桐山，在县东六十里，三峰秀拔，周匝数十里，山阴垂距东洋，山阳延袤境内，顶有天池，深不可测；多梧桐异草，山下有赤水洞。"经植物专家多年详细调查发现，梧桐山上并没有天然分布及人工种植的梧桐、悬铃木（法国梧桐）、泡桐和油桐树等树木，而是分布了大量的鳗莼锥，它被称为桐子树或爆梧桐，据此推测其名可能由此而来。梧桐山国家级风景名胜区因位于梧桐山，故名。

族群

梧桐山森林覆盖率达 88.6%，是珠江三角洲地区重要的动植物庇护所和基因库，同时具有重要的生态价值，仅固碳释氧与减污净气生态服务价值就可为深圳每年节约数亿元，是名副其实的"绿宝石"和"城市之肺"。

梧桐山上的毛棉杜鹃，其花为淡紫色、粉红色或粉白色。每年 3 月中下旬至 4 月中下旬，梧桐山国家级风景名胜区都会举办"梧桐山毛棉杜鹃花会"。

梧桐山植物资源丰富，共有维管植物 240 科 764 属 1419 种，其中有刺桫椤、土沉香、苏铁蕨、金毛狗等多种国家重点保护植物。在初春，大片盛开的毛棉杜鹃是梧桐山的一大特色景观，吸引了众多市民前往观看。梧桐山风景区管理处记录鸟类 13 目 37 科 143 种，两栖动物 2 目 7 科 18 种，爬行动物 3 目（含亚目）11 科 35 种，哺乳动物 7 目 11 科 17 属 24 种等，其中有缅甸蟒、褐翅鸦鹃等多种国家重点保护动物。古籍中也曾有关于梧桐山内物种的记录，据明天顺年间《东莞旧志》记载："梧桐山，在县南归城里，山势峭拔，方广数十里。有茏葱竹，龙须草。"

岁月

梧桐山是深圳市的一座历史名山。清康熙年间编纂的《新安县志》言梧桐山"为邑巨镇"；清嘉庆年间编纂的《新安县志》说梧桐山是"邑之祖龙也"。古人认为，梧桐山是新安县的祖龙，"梧岭天池"是清代"新安八景"之一。

梧桐山以"稀""秀""幽""旷"为显著特征，是市民踏青登高的好去处。站在山巅，极目远眺，海天一色，起伏的山峦似苍龙飞舞，深圳全境尽收眼底。

2004 年 8 月，"梧桐烟云"被评为新"深圳八景"之一。

位于梧桐山麓的弘法寺，建筑面积达 3.6 万多平方米，建有殿、堂、寮、房、楼、阁共 40 余处，为梧桐风光增添一景。

第一险峰
排牙山

空间

排牙山为大鹏半岛北半岛的主要山脉，山脉外形似犬牙排列，东西走向，长 0.35 千米，宽 0.2 千米，其主峰海拔 707 米。排牙山生态资源保存完好，是大鹏半岛自然保护区的重要组成部分。排牙山地形以中低山地、丘陵为主，沟壑纵横，分布着多个小型人工水库。出露的岩石主要为沉积岩类，由泥盆纪（距今 4.2 亿年至 3.59 亿年）形成的坚硬的石英砂岩和砾岩组成，属石英砂岩地貌。

排牙山所处的大鹏半岛地处北回归线以南，是我国东南沿海难得的低山半岛，其生态系统复杂多样，既有南亚热带典型的森林生态系统，又有沿海地区特有的红树林湿地生态系统。

名志

排牙山由南面望去，山峰的断层崖形似一排呈东西向排列的巨型牙齿，因此得名。

族群

排牙山以原生性的亚热带常绿阔叶林为主，植物多样性极高。据调查，排牙山共有野生维管植物 1352 种，约占深圳市和广东省总种数的 63.1% 和 24.9%，这在珠三角地区都是比较少见的，且其中不乏古老或在系统进化上具有重要地位的代表类群。山上生长有极危植物香港马兜铃 1 种，濒危植物 13 种，易危植物 35 种；共记录陆生脊椎动物 25 目 79 科 236 种。其中，两栖纲 2 目 8 科 19 种，爬行纲 2 目 16 科 42 种，鸟纲 15 目 43 科 152 种，哺乳纲 6 目 12 科 23 种。其中包含香港瘰

左页图： 排牙山杜鹃盛开
右页图： 云雾缭绕排牙山

螈、刘氏掌突蟾等 13 种中国特有种动物；国家级重点保护动物 21 种，其中有国家一级重点保护野生动物蟒蛇，国家二级保护动物虎纹蛙、大壁虎、三线闭壳龟、岩鹭、黑冠鹃隼等。

岁月

2005 年 9 月，深圳市发展改革委批准立项兴建排牙山森林公园。2006 年 7 月，排牙山自然保护区建设方案通过专家评审，规划了核心区、缓冲区、实验区及自然保护区 4 个功能区。2007 年 6 月，为有效保护大鹏半岛生态资源，深圳市政府将大鹏半岛整体划为自然保护区。2010 年 11 月 16 日，深圳市政府正式批准建立大鹏半岛自然保护区，主体范围为排牙山和笔架山山地森林、南澳山地森林、马峦山部分山地森林、葵涌坝光银叶树红树林湿地、南澳东涌红树林湿地、西涌香蒲桃林等。

左图: 排牙山如牙交错、险峻的
山石

主要保护对象为原生性的南亚热带常绿阔叶林、红树林以及珍稀濒危动植物等。因而现在的排牙山均属于大鹏半岛自然保护区的保护范围。

大鹏新区排牙山—七娘山节点生态恢复工程南接七娘山，北接排牙山—笔架山—田心山，是保证大鹏半岛南北向连通的重要生物通道。为恢复南北半岛生态连贯性，深圳市建设了全国城市快速路上第一条完全意义上的生物廊道，服务对象为以豹猫为代表的大鹏半岛南亚热带常绿阔叶林野生动物。首座"生态廊道"建设完成后，将主要应用足迹检测法与自动摄影法及摄像监测法，通过设置野外高清红外相机实现科研监测，促进物种交流，保障区域生态稳定。这在全国范围都具有重要的示范意义。

风尚

排牙山是深圳户外山脉里风景最佳的线路之一，沿途风光秀丽，从山上可以看到无敌海景。

排牙山三面环海，地势险峻，山上怪石嶙峋，被誉为"深圳第一险峰"。

是深圳户外爱好者心目中的经典登山徒步胜地，穿越排牙山被驴友戏称为"刷牙"，徒步走完全程需 6 小时以上。同时，排牙山也是深圳户外山脉里风景最佳的线路之一。

造化神奇的第二高峰
七娘山

空间

七娘山位于大鹏新区东南部，东起磨朗沟，西至上神石，南起白石崖，北至老虎山，山下的海柴角为深圳市最东端。七娘山包括七娘山主峰、大雁顶、老虎山、三角山等 7 个山峰。主峰海拔 867.4 米，外形尖圆，是深圳市第二高峰。七娘山山体森林覆盖率达 80% 以上，没有工业污染，原始生态环境保护完好。

在七娘山主峰至磨朗沟一带，呈近等轴圆形环状构造，面积约 4.9 平方千米，以山峰为中心发育放射状水系和山脊，水系汇聚成杨梅坑、鹿嘴河、马料河等多条河流，后流入海中。

七娘山山体基岩由砂砾岩组成，表面风化，表层土壤为山地黄壤，有火山穹丘、火山锥、古火山口、火山柱（针）等古火山遗迹，以及石泡流纹岩、漩涡状流纹岩等火山岩石，是我国东南沿海中生代火山活动演化阶段重要的地质遗迹。

名志

据清嘉庆年间《新安县志》记载："大鹏山，在县东一百二十里，一名七娘山，大鹏所镇山也。昔传有仙女七人游此，以其如鹏踞海，故名。"古人认为山脉自罗浮来，状如鹏举，是大鹏所城的镇山。

族群

太平洋东南季风给七娘山带来了饱和的空气湿度和充沛的雨量，为热带、亚热带植物的生长创造了十分有利的条件。地带性植被的代表类型为热带季雨林型的常绿季雨林，主要有榕树、假苹婆、水石梓群落、香蒲桃、密花树、银柴群落；浙江润楠、木荷、降真香群落以及乌榄、金叶树、五月茶群落。另外，苏铁蕨、黑桫椤、水蕨、蚌壳蕨、大苞白山茶、毛茶和野龙眼等国家二级保护珍稀濒危植物在此自然生长。七娘山内还分布着国家一级重点保护野生动物缅甸蟒；国家二级重点保护动物穿山甲、鸢、游隼、褐翅鸦鹃、三线闭壳龟等 12 种。由于七娘山地势险峻，登山事故频发，因此曾在 2003 年至 2013 年封山 10 年，这 10 年间，山中动植物更好地繁衍和壮大了。

岁月

七娘山起源于 1.45 亿年至 1.35 亿年前晚侏罗纪到早白垩纪，是华南沿海地区"燕山运动"留下的一个典型的火山岩喷发地，形成了约 1.45 亿年历史的穹状火山。

七娘山位于火山活动后形成的火山喷发带南部，是一个典型的火山喷发盆地，有侏罗纪化石群，第四纪以来海蚀、海积地貌及现象。七娘山没有直接受到第四纪冰川覆盖的影响，许多古老的物种得以保存。除了火山岩喷发地质，七娘山地区还具有华南沿海独特的海蚀、海积地貌景观。

2013 年 12 月 26 日，深圳大鹏半岛国家地质公园开园，深圳大鹏半岛国家地质公园博物馆、七娘山登山道等主要游览设施建成并向公众开放。

深圳大鹏半岛国家地质公园是集旅游、展览、科普以及科研为一体，融合自然景观与人文景观的国家级地质公园。

它陈列了亿万年前地壳运动形成的地理奇观，拥有"山海相依、水火共融"的奇特景观。

右页图：
大鹏半岛国家地质公园
鹿嘴海岸地貌

上图： 大亚湾鹿嘴——杨梅坑段海岸线

风尚

清嘉庆年间《新安县志》记载"缘山势高，得雾以滋养之故，味益甘芳，但不易得耳"，说的是深圳的云雾茶。云雾茶是深圳特产之一，属绿茶类，也称为山茶、山中云雾茶。大鹏一带有句民谣："莫怕簕蓬（荆棘）山路曲，饮茶须上鸡公笃。"说的便是七娘山的云雾茶。年长些的大鹏人，大多知道大鹏云雾茶一般是在七娘山上自然生长的，部分是百年老茶树的后代，茶籽随风飘散在山中，遇到充沛的水汽与合适的土壤便扎根生长。

在农耕时代，乡民出行或进山耕作，在山坳顶搭茶寮，建茶亭，设石凳，摆茶水，以方便挑担之人饮水歇脚，饮茶止渴。20 世纪中期，在以粮为纲的岁月，茶场不在发展之列，人们要喝茶，只能在村前屋后小面积种一些，自管自摘，自炒自尝，夹上一小撮，泡在茶壶里，叫来几位朋友慢慢啜饮，再添上小碟花生米、鱿鱼丝。一杯云雾茶，一口艾茶果，再加上海胆炒饭，才是大鹏人最幸福的一天。

从 2018 年开始，位于七娘山北麓的滨海慢行系统示范段（新大一鹿嘴）逐渐建成并投入使用。该段又称"大鹿线"步道，全长约 13 千米，以新大河入海口为起点，终点是大亚湾海岸鹿嘴悬崖。步道沿线可以观赏到风光秀美的海景沙滩、生物丰盛的滩涂和潮池、古风盎然的建筑与村落，最后抵达周星驰导演的电影《美人鱼》的取景地。线路全程覆盖了实地自然观察与研习点，为游览者建起一条全面认知七娘山及周边滨海文化的自然课堂步道。

鸟瞰西部的英雄山
阳台山

空间

阳台山的"台"，一为"山巅之南稍平，形若几案"，二为山系周边为丘陵台地。《说文解字注》中曾解释"山南曰阳"。《康熙字典》又曰"水北为阳"。阳台山位于岭南第一山罗浮山南约110千米（司马迁称罗浮山为"粤岳"），是东樵山（罗浮山）和西樵山的南延余脉。阳台山又位于珠江出海口伶仃洋北面。

名志

清康熙年间《新安县志》记载："阳台山，在县城北三十里，高耸青冥，顶有龙潭，祈雨即应，山下有祇园庵。"清康熙二十八年（1689 年）《东莞县志》中记录为"羊蹄山"。清雍正年间的《广东通志》记载："阳台山，在城东北三十里，高约二百丈，横亘五十里，山巅平衍，形若几案，为邑治后山。"民间绘制地图（如 1866 年意大利神父安西满测绘的《新安县全图》、1894 年岭南少岩氏《新安县全图》）曾标注"羊台山"。1960 年油印版《宝安县志》初稿记录为"阳台山"。1969 年 11 月惠阳专区革命委员会制地图标为"阳台山"。20 世纪五六十年代的《宝安报》出现"阳台山"与"羊台山"混用记录。1977 年，广东省测绘局、惠阳地区革命委员会、宝安县革命委员会编绘的《宝安县地图》标注为"羊台山"。1987 年出版的《深圳市地名志》以"羊台山"为标准地名。"羊台山"一名一直使用至 2020 年，在开展了一系列地名考据工作之后，深圳市政府于 2020 年 6 月批准同意，羊台山正式恢复原名"阳台山"，以其为标准地名。

族群

阳台山山高林密，地带性植被为次生南亚热带常绿阔叶林和南亚热带沟谷雨林，种类以桃金娘科、樟科、五加科等热带、亚热带特征较强的科属为主，形成了以红鳞蒲桃、鸭脚木、浙江润楠、芳槁润楠、樟树等为优势种的几种森林群落。据调查，阳台山约有高等植物 114 科 452 种，国家重点保护植物 5 种，古树 88 株。约有鸟类 36 科 79 属 105 种，脊椎动物 82 种，为深圳陆生脊椎动物多样性比较高的区域。此外，阳台山还种植有经济林、荔枝、菠萝等经济作物。

岁月

阳台山山体基岩由花岗岩构成，岩石裸露较多，表层土壤为赤红壤。距今 1.45 亿年至 0.65 亿年白垩纪时期，炽热的岩浆沿地壳深处入侵阳台山山体，形成花岗岩，后来又经过地壳的抬升和漫长的风化剥蚀，成就了现今见到的阳台山。经上亿年的演变，阳台山有众多由花岗岩球状风化形成的"石蛋"，近于球状，形态各异，分布于山巅溪涧，形成各种奇特的垒砌象形石造型。第九届全国人大常务委员会副委员长邹家华题的"羊台叠翠"刻在小阳台山山顶的巨型石蛋上。

左图：
阳台山牌坊广场
右页图：
阳台山胜利大营救纪念雕塑

阳台山地势险要，从 1938 年到 1945 年是东江纵队的重要根据地，为宝安地区的解放起到非常重要的作用。1940 年 9 月，中共前线东江特别委员会部队干部会议决定，王作尧率领的第五大队留在宝安敌后，开创阳台山抗日根据地。

阳台山抗日根据地创建后，在日军数次"扫荡"中巍然屹立。1941 年 12 月，太平洋战争爆发，香港被日军占领。广东人民抗日游击队在中共中央的指示下，从日寇占领下的香港，营救出茅盾、邹韬奋等数百名中外闻名的文化界人士、爱国民主人士和国际友人，将他们安全转移到阳台山区躲避，并在条件允许后陆续将他们送往大后方，这就是闻名中外的"中国文化名人大营救"。从此，阳台山有了"英雄山"的美誉，成为深圳市革命老区之一。现龙华区民治街道建有中国文化名人大营救纪念馆。

风尚

2004 年 8 月，"羊台叠翠"被评为"深圳八景"之一。从 20 世纪 90 年代中期起，阳台山成为市民休闲健身的好去处。"羊台山（阳台山）登山节"始创于 1997 年，迄今已成功举办多届，吸引了深圳及周边地区的大量登山爱好者，其影响力已从深圳辐射到珠三角乃至海外。

凤凰岩上凤凰游
凤凰山

空间

凤凰山地跨宝安区福永街道、航城街道、新桥街道、石岩街道与光明区公明街道，东临神坑，西接南岭山，南邻四茅山，北望石面山，大致为南北走向。

凤凰山森林公园总规划面积约为 27.65 平方千米，山脊轴线呈月牙形，最高峰大茅山海拔 376 米。深圳市八大区域绿地系统之一的凤凰山森林公园在此依山而建。

名志

凤凰山主峰为大茅山，1997 年出版的《宝安县志》记载，福永镇"凤凰山，在东南部，主峰大茅山，跨新安"。古代因山上多生长茅草而得名。据清康熙年间《新安县志》记载："茅山，在县城西北四十里，两峰峭秀。"清雍正年间《广东通志》也有记载："茅山，在城西北五十里，高七十丈，延袤三里，有大茅、小茅，两峰峭秀。"

在凤凰山飞云岭南侧的山腰上，有一些巨大的石头堆在一起，中间空如堂室，这就是有名的凤凰岩。明天顺年间《东莞旧志》记载："凤凰岩，在归德场伏涌，有山峙于海滨，山腰有石岩，方广数丈。"清康熙年间《新安县志》记载："凤凰岩，在茅山之北，巨石嵯峨，广数丈，洞彻若堂室，传昔有凤凰栖其内。"1996 年编纂的《深圳市十九镇简志》也有"凤凰岩风景区"的记载。2006 年 7 月，凤凰山森林公园建设通过深圳市发展改革局审批，正式立项。

上图：凤岩古庙

下图：凤凰塔

族群

凤凰山原生自然植被为季风常绿阔叶林，乔木主要为相思树、马尾松、杉木以及零星分布的山乌桕、豺皮樟、野漆树、鸭脚木、楝叶吴茱萸、三叉苦等；灌木种类较多，主要有豺皮樟、山黄麻、梅叶冬青、野牡丹、余甘子、三桠苦、米碎花、桃金娘、野漆树、龙船花、变叶榕、粗叶榕等。

凤凰山西侧的凤凰古村有 700 余年历史，由抗元将领文天祥的后人兴建。

宋末元初，文天祥的胞弟文璧之孙文应麟为避匪患携家眷及部分族人自宝安松岗迁到此地，购田开村、繁衍生息。古村现有古建筑约 360 座，占地面积 5.2 万平方米，是广东省内古建筑较集中、保存较好、面积较大的典型的广府民居建筑群之一。其中有明清建筑 69 座，民国时期建筑 96 座，古井 13 口，历史、文化、艺术、科学价值突出。

器物

凤凰岩巨石中间空如天然石岩洞，称作"仙洞"，仙洞内供奉观音。在凤凰岩旁边，还有一座古色古香的寺庙，据清同治十三年（1874 年）《凤凰岩古庙重修序》云："原凤凰岩观音庙者，元初时，三世祖应麟公所建也。"它的一侧有烟楼晚望、鸡心修竹、石乳清湖；另一侧有莺石点头、净瓶洒露、长寿仙井；前可聆听松径风琴之韵律，后可览云顶参天之奇观。如此"凤岩八大奇景象"众星捧月，紧紧地环绕在古庙周围。

凤凰山上的凤凰塔始建于清嘉庆二十一年（1816 年），位于岭下村西面路口，青砖砌造、高六层，高约 20 米，是宝安境内现存的最高古塔，也是深圳塔阁建筑的代表作。

都市里的绿色方舟
塘朗山

空间

塘朗山隶属于鸡公山系，山高谷深、林茂水长。山系内有大小山谷 10 多个，主峰塘朗峰海拔 430 米。公园主要景点有听涛小筑、极目阁、鲤鱼背、杪椤谷、凭栏观海等。

名志

塘朗山因主峰附近有塘朗村而得名，清康熙年间《新安县志》曾载有"塘蔼村"一名，1987 年出版的《深圳市地名志》记录有"塘朗"自然村名。

族群

塘朗山郊野公园森林覆盖率约为 87%，森林植被以阔叶林为主，生物多样性较高。

公园内自然植被和人工植被共存，植物种类丰富，其中属国家重点保护的植物共计 7 科 7 属 7 种，约占广东省国家重点保护野生植物的 11%，较有特色和代表性的是国家一级保护珍稀濒危野生植物仙湖苏铁和国家二级保护植物刺杪椤群落。塘朗山的动物资源同样丰富，鸟类超过 62 种，有猕猴和野猪等动物出没。

上图：
都市方舟塘朗山

下图：
从塘朗山远眺都市

生态资源的宝库
马峦山

空间

马峦山属于丘陵地貌，以打鼓岭等山脊线为骨架，形成由西向东绵延约 15 千米的山峰带；大部分山峰都在海拔 500 米以下，最高峰打鼓岭海拔 526.9 米。

连绵的山峰之间形成了大小 10 多条山谷，其中 7 条山谷规模较大，纵深达 2~3 千米，因而容易形成多级瀑布。位于郊野公园西面龙潭山沟谷地带的龙潭山瀑布溪流，是深圳最大的瀑布群景观。它绵延数千米，主要由 5 个大的石壁瀑布和溪流叠水组成，

在上下长达 2 千米范围内形成多级瀑布。除此之外，公园内的水库、河流等水资源同样丰富。

族群

马峦山公园植被类型主要属南亚热带季风常绿阔叶林、南亚热带沟谷季雨林和南亚热带灌草丛等类型。据不完全统计，园内有珍稀濒危植物 36 种，特别是兰科植物有 12 属 13 种；约有两栖动物 18 种，爬行动物 29 种，哺乳类 22 种，鸟类 86 种（国家重点保护鸟类 12 种），包括国家一级保护动物 1 种，国家二级保护动物 6 种，具有较高的物种多样性和均匀度，群落结构相对稳定。

马峦山的生态资源体现在多样而优美的景观上：春夏有禾雀花、春花、桃金娘、毛葨、水杨梅、中华楹、

山杜鹃、栀子、五色梅等花满枝头；夏日浓荫护夏，引来阵阵凉风；夏秋，山上的桃金娘等野果由红变紫，游人可采摘品尝；冬日，芳草的枯荣和溪畔簇簇芦花的摇曳，又是一番美景。

岁月

马峦山有红花岭、新屋、建和、老围、光背、径子等历史悠久的客家古村。

目前，村民基本搬至城区居住，村里人员寥寥。但是，村中颇具岭南风格的客家民居、宗祠、炮楼、古井、水塘，乃至百年古木，大多保存完好。其中包括著名的"庚子首义旧址"——罗氏大屋，这里是 1900 年孙中山第一次领导武装起义的基地之一。

左页上图：
马峦山瀑布

左页下图：
庚子首义旧址——罗氏大屋

04

RIVER

HI I'M SHEN ZHEN

川

江海汇流处的未来都市
珠江口

空间

珠江包括西江、北江和东江三大支流，其中西江最长，被称为珠江的主干。珠江口是三角洲河网和残留河口湾并存的河口，径流大，潮差小，含沙量相对较少。河口区河汊纵横，水网密布。珠江水系的几条干流——西江、北江和东江，以及增江、流溪河和潭江，到了下游相互沟通，呈放射状排列的分流水道流入南海。珠江口水系位于深圳市西南部，主要流经宝安区的沙井、福永、西乡、新安和南山区。

珠江口分区内共有大小河流 38 条，其中流域面积大于 50 平方千米的河流仅 1 条（西乡河），流域面积大于 10 平方千米的河流 2 条，流域面积大于 5 平方千米的河流 6 条。

族群

珠江口海域辽阔，各分流水道口附近咸淡水混合，海洋生物种类多，出产鱼、虾、蟹、贝类 100 多种，以暖水性种类为主，少数为暖温性种类。珠江口渔场有中华白海豚、克氏海马、鲥鱼、中华鲟等国家、省重点水生野生动物。伶仃洋（珠江口）渔场的渔汛期在每年的 4—6 月，为梅童鱼、曹白、马友、三黎渔汛期，9—11 月为马鲛鱼、鲻鱼及多种虾类和青蟹等的渔汛期。

上图：深中通道

为保护水产资源，这里全年禁止超过 120 马力的机动渔船底拖网作业，珠江口虾场的保护期为每年的 3 月 1 日至 9 月 1 日。

岁月

梁启超先生曾经说过："吾粤为东西交通第一孔道，澳门一区，自明时已开互市，香港隶英版后，白人足迹益繁，粤人习于此间，多能言外国之故，留心国事，颇有欧风；其贸迁于海外者，则爱国心尤盛。"

近年来，粤港澳大湾区成为中国最引人注目的经济区域。打开广东省大湾区九大城市（广州、深圳、珠海、佛山、中山、惠州、东莞、肇庆、江门）地图，会发现几大重量级城市都是围绕珠江口两岸，且都形成一种共识，即发展重心都向珠江口移动，广州向南（南沙：国家级新区、自贸区、副中心），深圳向西（前海：新区、经济核心区、全球海洋中心城市核心区），珠江西岸的佛山、中山、珠海向东发展。

上图：港珠澳大桥

2019 年 2 月 13 日，深圳市内首条海底隧道——妈湾跨海通道开工，这条水陆两栖通道将前海和宝安"龙头"大铲湾相连接，并通过沿江高速通达湾区各城市。

2019 年 7 月 4 日，深中通道伶仃洋大桥重达 1800 吨的东索塔首个巨型钢吊箱成功下放。深中通道是连接深圳和中山的大桥，是世界级超大的"桥、岛、隧、水下互通"集群工程，起于广深沿江高速机场互通立交，向西跨越珠江口，在中山上岸，全长 24 千米。深中通道通车后，将成为连接珠江东西岸的重要通道，从深圳到中山的时间由 2 小时缩减为 30 分钟，是粤港澳大湾区发展蓝图中交通基础建设的重要内容。

风尚

在深圳建市的前 20 年，罗湖几乎成为深圳的代名词。随后，由罗湖到福田，由福田到南山再到宝安，深圳的城市中心不断靠向珠江口。尤其是 2010 年后的特区一体化和粤港澳大湾区概念让手握空港新城和千亿新兴产业集聚区、与东莞接壤的宝安区成为深圳发展的新主力。其中位于深圳南山半岛西部、伶仃洋东侧、珠江口东岸的前海深港现代服务业合作区定位为未来整个珠三角的"曼哈顿"，重点发展高端服务业、发展总部经济，打造区域中心，成为深化深港合作以及推进国际合作的核心功能区。一个充满未来想象的巨大都市带已经呼之欲出。

日新月异的第一大河
茅洲河

空间

茅洲河为深圳第一大河，为外流河、地上河、常年河；全长 41.6 千米，包括上游石岩河 10.3 千米，干流 31.3 千米，其中下游 11.7 千米为深圳与东莞两市界河；流域面积 388 平方千米，干流年平均径流量 80 万吨／天，干支流总数 52 条。茅洲河主要支流有鹅颈水、东坑水、木墩河、楼村水、新陂头水、西田水、罗田水、沙井河、排涝河等。河上主要桥梁有茅洲河大桥、洋涌河大桥、燕川大桥、李松蓢桥等。

名志

深圳第一大河并不是深圳河，而是茅洲河。

现茅洲河与古代"茅洲河"并非同一条河流。据清康熙年间《新安县志》记载："茅洲河，在县西四十里，发源大头岗、凤凰岩诸处，至新桥之北十里许合流，经茅洲墟入合澜海。"该河流为现在的上寮河，"茅洲"得名于该河在茅洲墟入海，这一片区古时低洼长满茅草，地称"茅洲"。

族群

茅洲河为低丘台地区，地带性土壤主要为低山丘陵的赤红壤和滨海沼泽盐土，流域内的典型植被为亚热带季风性常绿阔叶林，现状植被主要有季风常绿阔叶林、针叶林、灌草丛等群落；植物种类主要有马尾松、杉、柠檬桉、细叶桉、台湾相思树、樟、山茶、竹。

岁月

茅洲河（宝安段，自塘下涌至白沙坑水之间）曾经是"全省污染最严重的河流"。

从 2016 年以来，深圳共投入 330 亿元开展茅洲河治理。如今，茅洲河已变为"深圳水环境显著改善的典型代表"。

风尚

2018 年，茅洲河宝安段 6.1 千米范围被纳入第一批省级碧道试点。2019 年，被取消了 13 年的龙舟赛在深圳茅洲河上重新开赛。2019 年 11 月，中央电视台综合频道播出了系列纪录片《美丽中国》第一集《清水绿岸》，用 7 分多钟的篇幅讲述了深圳践行河长制，在推进茅洲河治理方面取得的成效。

左页上图：
茅洲河两岸
左页下图：
改造后的茅洲河科技公园

界河两侧的深港变迁
深圳河

空间

深圳河是深圳市的五大河流之一，其干流及支流莲塘河是深圳市和香港特别行政区的界河。深圳河全长 37.0 千米，流域面积为 312.5 平方千米，其中深圳侧为 187.5 平方千米，是深圳市重要的排洪入海河流。深圳河主要支流有莲塘河、深圳水库排洪河、梧桐河、布吉河、福田河、皇岗河等，其中莲塘河左岸、梧桐河均在香港特别行政区境内。

上图：深圳河福田段

名志

深圳河因流经深圳墟入海，故名。深圳河古称滘水。据清康熙年间《新安县志》记载："滘水，在城东四十里，发源于梧桐、莆隔、龙跃头诸山，西流曰'钊日河'，北出曰'大沙河'，二支分流，至滘山合流而西，曰'滘水'，经横岗山，逶迤四十余里，入后海。"滘是广东方言，指分支的河道。1960年编印的《宝安县志》（油印本）载："深圳河，又名清河，因河上游植被较好，草木茂盛，清水河清而得名。"

族群

深圳河河口广阔的浅水滩涂为红树林生长提供良好的环境，也为鸟类提供了丰富的食物。深圳河河口至三岔河河口的干流河段为潮流河段，干流和一级支流均受潮汐的影响。

潮汐上溯使深圳河干流成为咸淡水混合区，容易形成生物多样性较丰富的水生生态系统。

因此，深圳河河口两岸形成香港米埔国际湿地保护区和深圳福田红树林国家自然保护区。保护区内野生生物种类繁多，单是鸟类就超过 300 种。每年 10 月至次年 4 月，有 200 万—300 万只鸥、鸭、鹭和涉禽等候鸟从北方飞至香港米埔和深圳福田红树林保护区的湿地越冬，成为深圳冬季一道特别的风景线，也吸引了诸多市民前往观赏。

岁月

深圳地区发生的许多历史事件都与深圳河紧密相关。

1898 年，清政府与英国签署《展拓香港界址专条》，深圳河由此而成为一条界河。

1997 年 7 月 1 日香港回归，一衣带水的深圳河又成为连接深港两地的纽带。

清光绪二十五年（1899 年）3 月，"新界"锦田、元朗、大埔、八乡、屏山等村数千民众进行反展拓香港界址的斗争，遭到英军镇压。4 月，英军占领深圳、布吉，新安、东莞人民奋起抗击，迫使英军于 11 月 22 日退至深圳河以南，挫败其扩大"新界"的野心。

1925 年，深圳河畔展开了一场支援省港大罢工的斗争。7 月 23 日，中共领导的革命武装——铁甲车队在周士弟的率领下进驻深圳一带，沿深圳河封锁香港，支援省港大罢工。

左页图：
福田口岸与深圳河
上图：
深圳河罗湖段夜景

1951 年 2 月 15 日，广东省政府发布命令封锁深港边界，整顿边防。朝鲜战争爆发后，英政府声援西方国家的贸易禁运，严格限制内地居民进入香港。此后 20 多年里，两岸居民发生了一系列跟隔绝和迁徙相关的故事。深圳河曾一度是内地居民泅渡香港的必经之路，见证了 4 次"大逃港"的历史；在改革开放之后，又见证了深圳的崛起和两岸紧密互通后的繁荣。

20 世纪 60 年代，深圳河沿岸基本处于自然状态，"水草丰茂，渔歌互答"。深圳经济特区建立后，大规模城市开发建设活动造成了严重的水土流失、水质污染与河道淤塞等问题，整治深圳河成为深港人民的共同愿望。为消除深圳河两岸的洪水灾害并改善环境，深港双方政府于 1981 年 12 月将联合治理深圳河提上议事日程，组成联合工作小组展开谈判，先后完成了《深圳河防涝计划报告书》和《深圳河防洪规划报告》。

2017 年 7 月 2 日，深港联合治理深圳河四期工程全面完工，深港联合治理深圳河工程用了 35 年，将自平原河河口至深圳河河口河段的防洪能力从 2—5 年一遇提高到 50 年一遇，兼顾减污和改善航运的需要。

深圳河的治理不仅改善了一条河流的防洪条件和生态环境，更是深港合作治理界河的成功范例。

风尚

2019 年，深圳河水质实现突破性改善，主要污染指标氨氮和总磷超标率持续降低。全年均值达地表水 V 类标准，旱季达到 IV 类，为自 1982 年有监测数据以来的最高水平，吸引了大批珍稀鸟类回归栖息地。与此同时，在深圳河中游，由深港两地共同开发的河套合作区也正吸引更多资金、技术、人才流入，孕育着新的可能性。

左页上图：
深圳河罗湖段

左页下图：
深圳河上游罗湖口岸段

缔造繁华的母亲河
龙岗河

龙岗河属东江水系，作为深圳市五大河流之一，也是龙岗区内流域面积最大的一条河流，被誉为龙岗区的母亲河。

古人喜欢择水而居，因此龙岗河沿岸成为龙岗墟的发源地。目前，龙岗河沿岸工业发达，人口密集。根据 2007 年的统计数据，龙岗河流域总人口约 180 万人，全年实现地区生产总值 373 亿元。龙岗河两岸仍然是龙岗中心城最繁华的区域。

上图：
龙岗河坪山区吓陂村段
左图：
龙岗河

孕育生态之河
坪山河

坪山河是深圳市五大河流之一，可谓坪山区的"母亲河"，在坪山区范围内有完整的流域和生态体系，沿河分布 30 多处客家老围，围绕这些旧围村繁衍出碧岭、沙湖、坪环、燕子岭、竹坑等几大社区。

今日的坪山河治理尊重原生态的自然风貌，传承特色历史文脉，坪山区力争将坪山河打造为国际一流水平的景观生态河道。

坪山河干流两侧拟建沿河绿道，以绿道串联河边绿地及湿地公园，形成蓝绿网格。

梳理坪山河与坪山的历史文脉，提炼坪山人的个性精髓，为坪山河创造属于自己的文化脉络。

承载时光之河
葵涌河

据 1987 年出版的《深圳市地名志》记载，古时这里河流交织，长有水葵，故名"葵涌"，且葵涌河为区域内主要河流，葵涌河因此得名。葵涌河流域历史厚重，尤其是下游出海口沙鱼涌片区。沙鱼涌曾用名"鲨鱼涌"，相传此处常有鲨鱼出没而得名。作为热闹的商埠小港，20 世纪初至 30 年代更曾是惠州、东莞、宝安三地及香港与粤东地区的重要商贸港口。最兴旺的时期，沙鱼涌的各类工人达万人之多。抗日战争时期中华邮局在沙鱼涌设邮局，国际包裹、信件达 450 万件。抗日战争结束后，根据"双十协定"，东江纵队主力需北撤。1946 年 6 月 30 日，在以曾生为首的北撤部队军政委员会的统一指挥下，北撤人员 2583 人在大鹏半岛的沙鱼涌登上美军三艘登陆舰开赴山东烟台。

1989 年在沙鱼涌北撤原址建亭立碑。

左图：葵涌河
右上图：葵涌河入海口，古村沙鱼涌

流淌诗意之河
西乡河

西乡河是西乡人民的母亲河，曾经浇灌了宝安片区的万顷良田。20 世纪 50 年代在上游修筑的铁岗水库，更促进了当地农业的发展。西乡老城区位于西乡河中段，这里有充满人文气息的西乡市集、西乡步行街、北帝古庙、巡抚街、绮云书室……是深圳最多名胜古迹的地方之一。

从 2018 年起，西乡街道着力推进西乡河"一河两岸"景观提升工程，以"西乡情怀"为主题，将西乡河打造成集娱乐、休闲于一体的独特文化景观。

千年传说之河
王母河

王母河是大鹏新区的母亲河，由西北至东南贯穿整个大鹏新区，全长约 9.2 千米，流入大亚湾。

王母地名源于南宋少帝赵昺南迁曾落脚于此的传说。南宋末年，元军入侵，攻陷临安，赵昺和宋军被元军一路追杀，最后在崖山一战而败，丞相陆秀夫身负少帝投海，宋朝悲壮落幕。本地传说，少帝曾在新安县一带落脚，因而留下龙岗、凤岗、龙岐（旗）等地名。宋亡后，少帝之母杨太后及其随从避难大鹏并创建村落，名皇母峒，也有被传为"皇姑""黄姑""王母"等。因本地话"皇""王"同音，故最后被叫做"王母峒"，后来略为"王母"。王母河河道两岸有绿道环绕，水头的出海口两岸遍布蓝花楹、大叶紫薇、红花玉蕊等绿化树，水清、岸绿、花美，景观宜人。

一衣带水深港情
深圳水库

深圳水库于 1960 年 3 月建成，因位于当时深圳镇管辖范围和深圳河上游而得名。

深圳水库主要为隔壁的香港供水而兴建，是集供水、灌溉、防洪、发电、旅游等综合效益于一体的中型水库。

1959 年 11 月 15 日，深圳水库正式动工。当时，全宝安县 10 多个人民公社共抽调了 2 万余人，最多的一天有约 4 万人同时施工，奋战 99 天，硬是在 100 天内完成长约 1000 米、高 30 米的水库大坝主体工程。1960 年 11 月 15 日，香港方首度与广东省达成协议，每年由深圳水库向香港提供 50 亿加仑（2270 万立方米）淡水。深圳水库于 1961 年 2 月 1 日正式向香港供水，一解香港燃眉之急，当年全年供水 2464 万立方米。

因初期建设的输水设备以及水源所限，深圳水库还不能满足香港的用水需求。1963 年，香港方与广东省达成共识，兴建东江—深圳供水工程（东深供水工程），将东江水引入深圳水库。1963 年 12 月，周恩来总理在进行外事访问前，绕道广东，了解过问香港供水问题。周总理听取了广东省政府的汇报后，作出重要批示，供水工程应当列入

国家计划，工程建好后，采取收水费的办法，逐步收回工程建设投资费用。

整个工程于 1965 年 1 月完成，自 3 月 1 日开始向香港供水。1964 年 4 月 22 日，香港方与广东省正式签订协议，同意自 1965 年 3 月起，广东省每年向港方出售不少于 150 亿加仑（6820 万立方米）淡水，每天最高供水量可提高至 6200 万加仑，售价为每立方米 1 角，即 1.06 港元 /1000 加仑。

为保证供水质量，在输入深圳水库前，东江水要经过生物硝化站净化。生物硝化站工程于 1998 年 1 月 5 日正式开工，于同年 12 月 28 日建成并投入使用，设计日处理水量 400 万立方米。

城市的翡翠之心
梅林水库

深圳是一座临海的城市，却并不缺乏淡水资源。中华人民共和国成立后兴建的多个水库既保证了城市用水，又为居民带来了生态活力。

梅林水库是深圳市福田区最大的水库，因位处下梅林村西北而得名。原名马泻水库，由上、下马泻水库扩建而成，是具有调节供水与防洪功能的中型水库。1994 年，马泻水库更名为梅林水库，名称沿用至今。

梅林水库北临塘朗山、梅林公园和梅林文体中心，四面环山，环境极为优美。

这里有大片的绿色草坪，站在堤坝可以俯瞰福田区的城市景色，晴天的时候视野开阔，适合观景和摄影。

左图：梅林水库水文化诗词景观

深圳水源发动机
公明水库

公明水库位于公明街道，它的建成运行大幅提升了全市水源储备和调蓄能力。

公明水库是深圳市建市以来，新建的第一座库容超亿方的大型水库，也是目前深圳市建成的最大战略储备型水库。

一直以来，深圳本地淡水资源严重匮乏，80% 以上的用水需从东江引入。该工程建成投用后，深圳市真正实现东江水和西江水的双水源供水保障格局，为深圳建设粤港澳大湾区核心城市提供战略支撑。公明水库是深圳市已建成的库容量最大的水库，并成为深圳第一个国家级水利风景区，所在区域周边规划为"高新农业—生态旅游区"，有多处大型郊野公园和生态湿地公园。

右页上图：
山水相依的公明水库
右页下图：
远眺公明水库

宝安县最早兴建的水库
铁岗水库

铁岗水库是中华人民共和国成立后宝安县最早兴建的主要水库之一，于 1956 年开始兴建。

其功能从以农田灌溉为主，到逐渐转轨为向城镇供水，最后全部转为工业与居民用水，

成为深圳市的东江水源工程末端调节水库之一。

近年来设立"深圳铁岗—石岩湿地市级自然保护区"，保护区范围包括铁岗水库、石岩水库及其一、二级水源保护区。

主要保护对象为湿地、水源涵养林和珍稀濒危动植物。保护区有国家二级保护植物 3 种，分别为金毛狗、樟树、白木香，国家一级保护动物 1 种蟒蛇，国家二级保护动物 27 种，其中鸟类 21 种。

隐藏在龙岗的"千岛湖"
清林径水库

清林径水库于 1963 年建成，因建在龙岗河上游清林径而得名。

清林径水库是一座以供水调蓄和储备应急为主，兼有防洪等综合效益的大 II 型水利枢纽工程。

扩建后的清林径水库管辖范围大约 30 平方千米，是一块没有生活污染和工业污染，水资源条件得天独厚的净地。蓄水后，库内可形成众多大小岛屿，其风貌可媲美千岛湖，对于美化区域环境、拓展城市生态资源起到深远作用。

左页图：清林径水库俯瞰

上图：清林径水库优良的生态环境

深圳中西部的水源枢纽
西丽水库

西丽水库原名为西沥水库，1959年西丽水库始建时，由附近的"水源三村"村民出工参与建设。"水源三村"位于阳台山下、西丽水库北面，指大磡村、麻磡村和白芒村这三个村落。水库建成初期为小型农灌水库，兼顾防洪、发电等用途。深圳经济特区建立后，该水库改为深圳市的水源水库，是兼具城市供水、原水调蓄和城市防洪功能的中型水库。目前，水库供水范围包括南山区和宝安区。

2011年，西丽水库被水利部列为全国重要饮水水源地之一，同时，它也是东江水源工程的交水点和深圳中西部的转输水枢纽工程。

05

HI I'M SHEN ZHEN

CHAPTER FIVE

ROAD

途

"深圳"的发源地
东门老街

空间

东门老街位于罗湖区南部的东门街道，东西走向，东起东门中路，西至人民公园路。广义上的东门老街一般指整个东门步行街商业区，严格意义上的东门老街为一条全长 697 米、路宽 16 米的城市支路。

名志

"深圳"这个名字来自"深圳墟",后者最早为农耕时代的集市,后来成为城镇。深圳墟有东、南、西、北四门,因历代战争被毁,现仅剩下东门,东门老街因此得名。古东门位于现湖贝村西边东门路。1953 年,宝安县城从南头迁至罗湖区蔡屋围解放路一带,深圳墟成为县级政治经济文化中心。改革开放后,为与"深圳市"相区分,"深圳墟"改名"东门老街"。

岁月与族群

东门老街的前身"深圳墟"有三四百年的历史。

据 20 世纪 70 年代末的一个调查显示,南塘村(今老街东门町一带)有八横六纵巷道,明末清初时期聚集着来自山西、陕西、河南、河北等 9 省 21 县市的 21 个姓氏的人们。他们多是因避战乱或灾荒而迁徙来此地谋生的游商、工匠等,利用南塘村的地理位置,

在此修农具、补衣物、摆摊点、贩家禽、交易农副产品和加工食品等。这就是深圳墟的雏形。后来此处形成了"猪仔街""谷行街""鸭仔街""民缝街"等。

1911年广九铁路通车，深圳成为广州、香港互通的重要门户，二三十年代商行林立，兴旺一时，吸引不少香港人"投资深圳墟"。新中国成立之初，深圳墟的许多店铺纷纷迁往新建成的解放路营业，这里的商业功能有所减弱，然而却沉淀了岭南小镇深厚古朴的民俗文化。

早年东门老街的建筑以传统的骑楼为主，青砖黛瓦，石板街巷，道路纵横。

上图：东门老街街景

在迅速发展时，东门一度管理失序，环境破旧。1993 年，深圳旧城改造大规模展开，老街空间环境和传统风貌特色被忽视，文管部门极力呼吁保护历史建筑。1996 年，深圳市政府对东门进行改造与环境提升。1997 年，受深圳市规划局委托，中规院重新启动东门规划。新的规划保持原有特色风貌，把开发的强度降下来。政府把老街广场、东门入口等几个人流密集的地块从开发商手中赎回并改造成公共开放的广场。沿街建筑复建骑楼，既能遮风避雨，也使得景观特征延续，保存了深圳的特色。

1999 年 10 月 1 日，正式升级改造后的东门步行街包括 8 条市政道路、1 条风貌街和 3 个大型休闲广场，成为保留了传统韵味的现代化新型商业步行街区。这里万商云集，人潮涌动，每天都有数十万人在此川流不息，年销售额达 100 亿元。10 多年来，无论是人流量还是营业额，均稳居"全国十大步行街"之首。

风尚

东门老街在中国改革开放史上有奇妙的社会影响力。1990 年，中国大陆第一家开业的麦当劳即位于东门的西华宫。此后很长一段时间里，来深圳的游客都把东门步行街作为重要的参观购物场所，可以购买到内地鲜见的时髦服装饰品及其他文化产品。

"一街两制"的时代风云
中英街

空间

中英街是一条长度只有 527.24 米、宽度只有 4 米的城市支路，位于盐田区沙头角街道中英街社区，南北向，南起环城路，北至海涛路，沿途有中英街界碑、中英街历史博物馆等设施，街心以八块界碑石为界，西侧为香港，东侧为深圳。

名志

沙头角镇在清代叫桐芜墟。1899 年，中英双方来到沙头角勘界，签订《香港英新租界合同》，作为《展拓香港界址专条》的附件，具体勘定界线并立木质界桩；1905 年，英方在沙头角和莲麻坑之间设石头界碑，界碑刻有中英两种文字，中文为"光绪二十四年，中英地界，第 × 号"。至 20 世纪 30 年代，中英街逐渐开始繁荣，两边商号林立，盛极一时。

现名为 2015 年深圳市现状道路桥梁名称梳理规划项目成果，批复保留原名，并沿用至今。因香港回归前，这条街道的一侧属中方管辖，另一侧属英方管辖，故名"中英街"。

岁月与族群

中英街在深圳近代发展史上，有独特的历史意义，既是清王朝腐朽没

落和英帝国主义侵略的历史见证，又是改革开放后香港回归祖国和中国走向繁荣富强的历史见证。

20 世纪 30 年代，沙头角中英街上人流涌动，深圳的商店仍以经营农副土特产品为主，而港方的商店则更多地经营舶来品，品种繁多，有英、美、日的一些洋烟、洋火、洋布等商品。中华人民共和国成立前，中英街较大的商店有怡兴隆、新昌、仁兴店等，主要经营百货、布匹，老板均是盐田乡人。老字号药店共有五间，它们是宁生堂、济生堂、天寿堂、杏春堂（属香港管辖）、茂生堂。还有专门经营鱼类的小市场"鱼栏"，类似钱庄的"缴家"和专门从事鱼类加工的"标家"。

从 1980 年起，深港合作对中英街进行整修，许多当地乡民弃农从商，中英街上的

上图：
中英街街景

高楼如雨后春笋般地出现，商铺鳞次栉比，人们的商品意识有了空前的提高。到中英街购物旅游的人数日益增加，平均每天接待游客近万人，街内最高人流量一天达到七万人次。因其特殊的地理位置，"中英街"被称作经济特区中的"特区"。

1997 年 7 月 1 日，香港回归，中英街成为"一 国两制"和"一街两制"的历史见证。2004 年 8 月，"一街两制"被评为新"深圳八景"之一。

风尚

改革开放之初，中英街的商品来自五大洲，品种齐全，时尚商品捷足先登，在价格、包装、功能上，有内地商品不可比拟的优势。20 世纪 80 年代，中英街销售的黄金饰品及时地反映了香港黄金设计的新成果，品种繁多，货真价实，掀起轰动全国的"黄金热"。中英街是当时国内少有的免税街，成为内地游客观光购物的热门之选，一度被誉为"购物天堂"。

随着深港两地通关便利，交通发达，联系更加紧密，中英街的市场优势削弱了，但余热仍在。

来一次中英街就相当于到了一次香港，并且等于见证了香港回归祖国的历史，以及内地经济由落后走向繁荣的整个过程。

深圳第一路的前世今生
深南大道

空间

深南路（广义的深南大道）全长 32.67 千米，由深南东路、深南中路与深南大道组成。深南东路长 3.82 千米，宽 40 米；深南中路长 3.25 千米，宽 88 米；深南大道长 25.6 千米，路宽 135 米，跨罗湖、福田和南山三区，东西走向，为城市主干路，是东西走向的深圳市区的第一交通要道。

名志

深南路从原宝安县中心的深圳镇通往南头，故命名为"深南路"。其中的深南大道段位于全路的西边，东起皇岗路，西至原南头检查站，最有代表性，因此深南路又以"深南大道"为名。

岁月

1979 年，深圳市政府决定对深圳通往广州的 107 国道进行改造，在蔡屋围到上步的碎石路面铺上沥青。深南路原是 107 国道的一部分，在当时这已经是深圳经济特区内最长的路。此后历时近 20 年，随着深圳建设诉求与规划理念的不断升级，深南大道不断延长、加宽，再延长、再加宽，每新建、升级一段，都会直接带动该路段周边片区的发展。

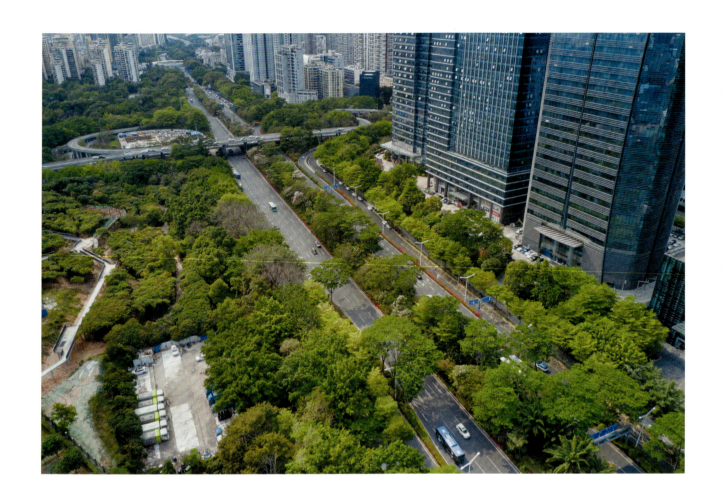

深南大道可以说是"深圳第一路"。深南大道的建设史，正是深圳从无到有、城市版图建设拓展的历史。

建市之初，最先修建的深南中路带动了上步工业区和华强北电子市场的兴起；之后修建的深南东路，与南北向的人民南路，带动了罗湖中心区的蓬勃发展；随着道路西拓，先后"激活"福田中心区与南山地区。深南大道与深圳共同成长，它的建设故事与建设成果，浓缩着深圳城市发展史。

城市规划专家朱荣远在"深圳口述史 1980—1992"纪录片《深圳梦寻·深南大道》一集中曾说道："深南路是有分段特征的，罗湖到上步一段，高楼密集，路没有那么

上图：
绿化良好的深南大道南山段

宽；从上海宾馆开始，路变宽了，配合福田中心区的高强度开发，辅道也更复杂，连退红线的宽度都比其他地方更宽；然后到华侨城路段会发现，理性的深南大道变得感性，道路变得有了上下、弯曲，从景观和人文的角度看都是深南大道的精华。"

不同路段有不同的特征和气质，应对不同的开发主题和不同历史阶段的价值取向。自东向西，深南大道先后贯穿东门老街商业区、蔡屋围金融中心区、华强北商贸圈、市民中心与福田 CBD、福田交通综合枢纽、车公庙地铁站、华侨城旅游区、高新技术产业园区、深圳大学、南头古城等片区。以上皆是深圳市最具代表性、支撑性的产业核心片区，它们通过深南大道连为一体，而借深南大道一条路，便能很大程度"看遍"深圳的产业精华。

风尚

深南大道是深圳的标志性道路，更是深圳城市形象的重要承载。

早在 20 世纪 80 年代，深圳就在规划中为深南大道预留了相当宽幅的绿化带空间，为日后这条道路的美丽与气派埋下伏笔。如今这条大道明净宽阔、花团锦簇，夜幕降临时霓虹华彩、辉煌璀璨。

深圳（尤其是早期）的标志景观或知名景点大多集中在深南大道两侧：地王大厦、京基100大厦、邓小平画像广场、电子大厦、孺子牛雕塑、世界之窗、高新技术产业园区、南头古城等。深南大道像一座动态的改革开放展厅，向市民、游客展示着日新月异的城市建设画卷。

2004 年深南大道整条道路作为"深南溢彩"景点入选"深圳八景"。

让城市奔跑的大动脉
北环大道

空间

北环大道位于深圳市福田区北部和南山区中部，东西走向，东起泥岗西路，西至月亮湾大道。相交道路有 107 国道、皇岗北路、沙河西路等。线路立交出口包括北环深南立交、北环福龙立交、北环上步立交等。北环大道是城市快速路，长 19.5 千米，标准路幅宽 78—132 米。2019 年，北环大道平均日交通流量为 133658 辆。

名志

北环大道最早于 1984 年 11 月动工兴建，于 1985 年 4 月竣工，总造价 3000 万元。曾用名为"北环路"，因位于深圳经济特区北部，且环绕深圳东部、西部，故名。1992 年 11 月，北环路动工改造，由深圳市城建开发处将其建成快速路。1995 年 10 月竣工，改称北环大道。

岁月

20 世纪 80 年代末，深圳仅有一条主干道深南大道，交通拥挤，直接影响外商投资和经济特区的发展。1991 年 10 月，深圳审定通过了《深圳经济特区快速干道网总体规划方案》。最初的整个快速道路系统由南环线（滨海大道—滨河大道—沿河南路）、北环线（北环大道—泥岗西路— 泥岗东路—布心路）两条主干道及 6 条南北连接干道组成，把福田、罗湖、 南山连接环绕起来。所有道路按 6 车道或 8 车道扩

上图：北环香蜜立交

建和新建，全长约 100 千米，设 37 座立交桥。该系统有效缓解了当时的道路交通局面，促进了深圳的第二个十年的经济发展。北环线是以行驶进出香港的货运车为主的交通大动脉，又是经济特区内各组团之间的交通运输线，还承担着各支线的集散交通任务。

深圳最初的工业区比较规律性地散布在经济特区北部，包括八卦岭工业区、梅林工业片区、龙珠工业片区、高新技术产业园区北区等。因为考虑到深圳多刮南风，工业区不能设在上风方向，以免烟囱冒出来的烟吹到下风方向的住宅区。北环大道由此承担了串联各大工业区的重要职能。通过这样一条道路，早期的工业区可方便地运输货物与原材料，并快速实现彼此间的物联，构成完整产业链条。

正因有这样的产业属性，北环大道建成后通行的车辆，都以工业化货运车辆为主，北环大道成为东西方向货运交通的大动脉。

风尚

由于货车车身重量与载重都非常大，北环大道在常年通行货车的情况下，路面出现多处破损，且行车噪声严重影响沿线居民的生活，并存在交通设施不完善，公交、人行过街系统缺乏，各种管线配套设施不完善，路灯效果不明显，绿化系统单一，以及拥堵等问题。深圳的市政、交通和交警等部门持续采取了一系列升级改造措施，让这条道路的景观、环境和效率都始终能够与城市的发展需求相匹配。

左页上图：
北环大道福田段
左页下图：
北环大道南山段

滨海城市的景观长廊
滨河大道—滨海大道

空间

滨河大道—滨海大道濒临深圳河—深圳湾，自东向西连接着罗湖、福田、南山三区。
滨河大道位于深圳市福田区中部，东西走向，东起红岭南路，与沿河路相接，西至
广深高速公路，与滨海大道交接。滨海大道连接福田区和南山区，东起广深高速公路，
西至南海大道。

名志

滨河大道因濒临深圳河得名，滨海大道因道路濒临海边而得名，是继深南大道、北环大道之后又一条贯通东西的汇集城市交通、 景观、生态环境三大功能的重要交通要道。滨河大道长 9.975 千米，宽 84 米。滨海大道全长 12.74 千米，路宽 102 米，其中 7.6 千米是在深圳湾北侧海面潮汐带大规模填海筑堤建成，道路总面积近 90 万平方米，填海区道路面积为 61 万平方米，最大路面宽度为 138 米。

岁月

按照《深圳经济特区总体规划（1986— 2000）》，滨河大道—滨海大道总投资 30 亿元，由深圳市自筹资金投资兴建。深圳经济特区根据其东西狭长的地形，安排了 6 个大小不等的城市组团，以南北快速路和中间的主干道（深南大道）串联这些组团，承担起东西向的主要交通任务。 深圳最早的快速路系统形式介于高速公路和城市主干道之间，全程不设红绿灯，保持了快速路整体的一致性。以快速路为基础的交通系统与管道系统修建于 20 世纪 90 年代，为当时经济特区内罗湖、福田、南山的城市功能区划打下了坚实基础，也奠定了城市的基本格局。滨河大道一滨海大道的建成通车，最直接的影响是将南山半岛与深圳市中心直接联系起来。南环线的建成，完善了深圳经济特区的环状快速干道系统，分担了北环线的交通压力，实现了东西向长距离交通、快速疏散深港过境交通、原二线交通和疏港货运交通这四大功能，全面疏畅了市区交通。

族群

滨海大道突出深圳滨海城市风貌，在城市建设和生态保护之间取得了良好的平衡。滨海大道东段位于福田红树林鸟类自然保护区的边缘，该保护区是广东内伶仃福田国家级自然保护区的一部分，是东半球鸟类南北迁徙的歇脚地和栖息地，在全球生态系统中占有重要地位。深圳市政府多次组织环保、农业、国土规划、设计、建设等部门进行深入研究、实地勘察、专题论证，最终采取道路北移 200 米、缩窄路面、设立隔音墙、禁渔和基围鱼塘改造、城市湿地修复保育等多项措施，把对红树林的影响降到最低限度，保证了深圳湾湿地生态系统功能的完整性。

滨海大道又被称作西部海上绿色长廊，共种植 200 多种花草树木，以大体量、多层次的亚热带海滨城市绿化面貌，深受市民和游客喜爱。

风尚

2017 年 5 月，广东省旅游局在官网首页点赞深圳为"中国最美骑行城市"，并向公众推荐了 8 条经典骑行线路，其中滨海大道（红树林段）即在其中。

除了深南大道、北环大道、滨海大道这三条主干道，深圳还有多条道路承载着畅通交通动脉的职能并见证了城市的快速发展。

右页上图：
滨河大道一滨海大道海滨城市夜景
右页下图：
滨河大道一滨海大道福田区和南山区交界地段城市景观

改革开放第一声呐喊
南海大道

南海大道位于南山区西南部，曾用名为"南油大道"，是南山区南北向的主干道，纵贯自广深高速至蛇口港的南山半岛，曾是蛇口工业区的主干道。原"招商局蛇口工业区"坐落在现在的蛇口沃尔玛周边，曾是早年的蛇口建设者踏入蛇口工业区的第一步。2015 年，这里又竖立起了"中国（广东）自由贸易试验区深圳前海蛇口片区"的蓝色弧形拱门。

"时间就是金钱，效率就是生命"的标语牌就矗立在工业大道旁的时间广场上。

1979 年诞生于蛇口的这个口号，代表了蛇口精神，造就了深圳速度，经《深圳特区报》刊登后响彻全国。1981 年竖立起来的标语牌，跨越40 多年光阴，依然矗立在如今的南海大道旁。

上图：南海大道城市景观

进出深圳的迎宾大道
宝安大道

宝安大道位于宝安区，南北走向，南起湖滨路，北至广深公路，因是贯穿宝安区的
标志性道路，故名。宝安大道是连接宝安区与全市其他区域的重要道路之一，途经
宝安区 10 个街道中的 9 个，是宝安区最重要的主干道；同时，北接东莞边界，南接
深南大道，与其交会的机场南路直通宝安国际机场 T3 航站楼，因此又是进出深圳的
迎宾大道之一。

宝安大道在设计之初就被定义为"别具特色的景观大道"。

路中央 10 余米宽的绿化带和两旁的树阵、花台等均参照深南大道、滨海大道的标准
建设，形成大气、生态的都市田园风光。三届深圳宝安国际马拉松赛事均选取了宝
安大道作为赛道。

连接深惠的生活走廊
龙岗大道

龙岗大道跨龙岗区中部至东北部，南北走向，南起文锦北路，北至惠盐高速公路深惠交界。龙岗大道为城市主干路，原名深惠公路，也称深惠路。因连接深圳与惠州，故名。深惠公路作为一条年代较久的公路，兼具城市道路和过境公路的双重功能。

深惠路沿线片区是龙岗区最早开发建设的片区，是全区重要的生活交通走廊。

随着深圳经济特区扩容、一体化的发展以及龙岗城市功能定位的提升，深惠路也从原来的公路升级为城市道路。

2012 年 4 月，深惠路（龙岗段）更名为"龙岗大道"。

北中心的活力动脉
龙华大道

龙华大道位于龙华区中部，南北走向。南起梅观路口（原梅林检查站），北至观澜黎光片区的黎光收费站，达深圳东莞市界。龙华大道为城市主干路，自北至南由原梅龙大道、大和路、民和路、泗黎路组成。2017年1月7日，深圳市龙华区正式挂牌成立，龙华区完成由"镇"到"城市次中心"再到"深圳北中心"的定位跨越，龙华区快速发展成为一个集商贸、金融、居住、配套于一体的重要节点区域。

作为龙华区交通网的重要纵向道路之一，龙华大道经过的区域涵盖深圳北中心、观澜文化产业园等五大重点发展区域。

龙华大道同时贯穿了观澜东生态文化区、阳台山生态休闲区等六大功能区；在促进产业互动方面，极大助力龙华区的城市更新。

龙华大道与观澜河流域最为接近，有利于形成水陆交织的景观格局，便于充分挖掘龙华独具特色的自然生态资源和人文历史底蕴，形成宜居城区环境。

见证"神州第一楼"
人民南路

人民南路位于罗湖区西南部的南湖街道，南起和平路，北至深南东路，沿途经过国贸大厦、金光华广场等。人民南路因靠近人民公园，且区位靠南与人民北路相对，故名。20 世纪八九十年代的深圳中心商务区——人民南商圈，是深圳开发最早、开发程度最高的商圈之一。此处聚集了 20 世纪 80 年代闻名全国的最高楼——"国贸大厦"，及深圳发展中心大厦、深房广场、嘉里中心、友谊城、佳宁娜广场等诸多超高层写字楼和商场。

1982 年 10 月，深圳第一座53 层高楼——深圳国际贸易中心大厦开始施工。

1984 年 1 月，邓小平第一次视察深圳，他登上 20 层高的罗湖商业区国际商业大厦天台，眺望正在建设中的新城市，对经济特区的建设发展表示满意。1992 年 1 月，邓小平第二次视察深圳，来到国贸大厦 53 层的旋转餐厅，并在此发表重要的"南方谈话"。

因靠近火车站，此处的公交线路云集，人流如梭，车来车往，人民南路与嘉宾路交接的国贸大厦、金光华广场（早年的南国影城）一带，一直是深圳人重要的休闲地。

改革开放的商业起点
和平路

和平路位于罗湖区西南部，南起火车站西广场，北至解放路。为表达和平的美好寓意，故名。和平路最早建于 20 世纪二三十年代，从深圳火车站通向深圳墟（现在的东门老街）。

和平路、解放路一纵一横，是深圳建市之时最早的道路。

和平路沿线也是深圳最早的建成区，可说是 20 世纪八九十年代深圳的"CBD 商圈"。位于深圳火车站西出口和平路旁的富临大酒店于 1990 年开业，是深圳早期的五星级酒店之一。和平路与广深铁路平行，临近火车站，是早年务工人员的必经之地。和平路也是改革开放初期第一批企业的诞生地，万科企业股份有限公司的前身"深圳现代科教仪器展销中心"，从 1986 年开始就在和平路 50 号办公。

06

HI
I'M
SHEN
ZHEN

CHAPTER SIX

C I T Y

城

今日"鹏城"的来处
大鹏所城

大鹏所城位于大鹏新区大鹏办事处内,东靠龙头山,与七娘山隔海相望,南邻大亚湾龙岐海澳,北靠排牙山。大鹏所城坐北朝南,平面呈不规则梯形布局,东西宽345米、南北长285米。占地面积约10万平方米,现东、南、西3个城门保存较好,基本布置依然保留明代格局。因位置险要,大鹏所城是明清两代中国南部重要的海防军事要塞,也是我国东南沿海现存较完整的军事所城之一。

名志

大鹏所城于明洪武二十七年（1394年）始建，全称为"大鹏守御千户所城"，隶属南海卫，清康熙年间《新安县志》曾记录大鹏所城"与东莞所城，同年奏设，由广州左卫千户张斌开筑"。因位于大鹏山（今七娘山）下，功能定位为军事所城，故名。清初改为"大鹏所防守营"；康熙年间改为"大鹏水师营"；道光年间经历"九龙海战"后将大鹏改"营"为"协"，称为"大鹏协"；香港被殖民统治后，其军事作用已失去，更名为"鹏城村"。1989年6月29日，被广东省人民政府正式批准命名为"大鹏所城"。

2004年6月大鹏所城被评选为"深圳八景"之首；深圳又名鹏城，大

上图： 大鹏所城城门

鹏所城正是"鹏城"之名的源头与根脉。

岁月与族群

大鹏守御千户所始建于明洪武二十七年（1394年），它最初建于"大鹏岭之麓"今南澳西涌新屋村西，后因风水而改建于乌涌村东北。为加强所城周围安全和防御能力，明代设立5个墩台，每个墩台安设瞭望守卫5人，均由大鹏守御千户所调拨。

清康熙年间，为加强新安县沿海各地的军事力量，清政府以大鹏城和南头城东西两路为重心，改南头寨为新安营，升大鹏所为大鹏所防守营，增设营盘汛防墩台、塘房及炮台，形成较为严密的防御网络。

清嘉庆十五年（1810年），清政府因为海防需要，在广东增设水师提督，驻扎虎门，下设五营，大鹏为外海水师营。道光十八年（1838年）十一月，钦差大臣林则徐将隶属广东水师提督的大鹏营及水师船移到九龙寨驻守。道光十九年（1839年）五月，英商义律率5艘船只偷袭九龙寨和九龙炮台，大鹏营参将赖恩爵与之两度交战，历时5个时辰，将敌船逼回尖沙咀。为防外敌骚扰，加强海防防务，清政府进一步将大鹏营提升为协，统领左、右两营，加强深圳地区海防的力量。大鹏营迁香港九龙城后，大鹏所城成为军民后裔聚居的自然村落。

赖恩爵振威将军第位于大鹏所城赖府巷15号。赖恩爵（1795—1849年），字简廷，大鹏所城赖氏"三代五将"之一。清代抗英名将，官至广东水师提督，封振威

将军，从一品。清嘉庆、道光、咸丰年间，大鹏所城赖氏历经三代出了五位将军，成为广东一杰出姓氏，与连平颜氏并称"文颜武赖"，更有"一门六进士，三代五将军"的美誉。赖恩爵将军第建于清道光二十四年（1844年），为道光皇帝御赐的"诰封第"。整座将军第坐北朝南，门口保存有一对抱鼓石，门首横额石匾"振威将军第"为道光皇帝御笔亲题。外围有一丈有余的高墙，气势雄伟。将军第占地面积达2500平方米，大厅厢房40余间，规模宏伟、雕梁画栋。

刘起龙将军第位于大鹏所城南门街35号。刘起龙（1772—1830年），字振升，号云齐。官至福建水师提督，封振威将军，从一品。刘起龙将军戎马一生、爱民如子、清正廉洁，在鹏城百姓中有口皆碑。将军第建于清嘉庆、道光年间，坐北朝南，为三进三座，前有长庭和哨楼，内有一口水井，北边由三座二进一天井六廊房合院式建筑组成，南边有一组三合院带后花园。门口保存有一对抱鼓石，门首横额石匾"将军第"，屋面瓦当、灰塑等基本为晚清原物，为清中期府第式建筑。

风尚

古时，大鹏所城的官兵来自五湖四海，方言千差万别，经过长期演变，形成了有"千音"特色的"普通话"，被语言学家称为"军语"或"军话"，这里形成了一个"军语方言岛"。当地用"大鹏话"口头传唱的"大鹏山歌"语言独特、曲调多样、内容丰富，于2012年被列入广东省省级非物质文化遗产名录。

大鹏所城当地还有一个参与人数最多、礼节最完善的民俗"太平清醮"。每5年举办一次，每次为期7天，已经延续了600多年。中华人民共和国成立后曾停办40年，1986年民间集资重建天后宫，"太平清醮"又开始恢复，每次都有几千人参加，还吸引了海外华侨专程返回。现场最壮观的"千人将军宴"源于赖恩爵将军打仗凯旋时设宴款待归来的将士和四方乡邻，主料是12道当地客家家常菜，佐以被称为"将军酒"的客家黄酒。

左页上图：
大鹏所城粮仓
左页下图：
大鹏所城左堂署遗址

大鹏所城俯瞰

深圳史上的建制沿革
南头古城垣

空间

南头古城垣位于南山区西北部南头街道内，南头古城整体片区东接南山大道，西邻北环大道，南临深南大道，北靠中山公园。南头古城垣呈不规则的长方形，枕山面海，四周原有壕沟围绕，东西最长为 680 米，南北最长为 500 米，占地面积约 14.5 万平方米。 城墙用黄沙黏土夯筑，内外包砖。南头古城里保存有纪念文天祥的信国公文氏祠、东莞会馆、南城门、报德祠等历史建筑，还有 40 余座在清代和民国年间修建、具有岭南及南洋建筑风格的民居。古城内六纵一横的道路网与自然地势相结合，民间俗称南头古城为"九街"，现存街道实际为 8 条。

名志

南头古城旧称城子冈 / 岗、新安故城或南头城，现存的城池是东莞守御千户所城。始建于明洪武二十七年（1394 年）的东莞守御千户所城是南头的城子岗，是东官郡城、宝安县城的旧址，由广州左卫指挥崔皓负责筑城。现南头古城垣于 1988 年由深圳市人民政府命名，名称沿用至今。

岁月

作为深港地区历史的发源地与政治中心，南头古城记录着深圳 1700 多年的郡县变迁史。汉武帝时，南头就成为全国 28 处盐官之一的番禺盐官驻地，三国时有了"垒城"。东晋咸和六年（331 年），东官郡城和宝安县城创建，其所在地就是今南头

右页上图： 南头古城垣
右页下图： 今日南头古城

古城附近一带。唐开元二十四年（736 年）正月，设屯门军镇，负责珠江口海岸线东侧的防卫，兼负缉捕盗贼之责，保护海上贸易，隶属于岭南道广州府，治所在今南头城。明洪武二十七年（1394 年）在南头筑东莞守御千户所城。明万历元年（1573 年）南头从东莞县分出，设新安县，县治就设在南头东莞守御千户所城。民国三年（1914 年），为避免与河南省新安县重名，恢复宝安县古名，县城仍在南头古城。直到 1953 年，宝安县城才搬到深圳墟（今罗湖区东门老街一带）。因其悠久的历史，南头古城是深圳市内文物保护单位最集中的地区之一，现有 1 处广东省重点文物保护单位（南头古城垣，包括南城门、东城门和北城墙遗址）、5 处市级文物保护单位（东莞会馆、信国公文氏祠、育婴堂、解放内伶仃岛纪念碑、南头村碉堡）、10 处保护建筑、34 处历史建筑，均具有较高的文物价值。

上图：南头古城牌坊

南头古城内重要历史建筑如下：信国公文氏祠，始建年代不详，于清嘉庆十二年（1807年）重修，后于1995年再次重修。因文天祥谥号为"信国公"，该祠堂为其弟文璧后裔为纪念文天祥所建，故名。东莞会馆于清同治七年（1868年）建立，是清代东莞商人在新安县设立的商会会所，又称"宝安公所"，于1907年重建，后于1996年重修。育婴堂于1913年由意大利传教士兴办，是天主教堂收养孤儿和弃婴的场所，也是西方天主教最早在深圳传教的地点之一。解放内伶仃岛纪念碑是为纪念在解放战争时期，解放内伶仃岛而壮烈牺牲的解放军指战员而立。1950年4月宝安县人民政府建立"征粮纪念碑"，于1980年8月21日搬迁重建于南头校场，并命名为解放内伶仃岛纪念碑。

2017年，第七届"深港城市\建筑双城双年展（深圳）"聚焦深圳城中村发展现状，选南头古城作为主展场，将设计元素融入古城，让古城焕发新的活力。

族群

南头古城里保存最为完整且规模最大的古建筑是信国公文氏祠，该祠堂是为了纪念抗元将领文天祥而修建的。文天祥，字履善，一字宋瑞，号文山，南宋德祐二年（1276年）任右丞相。1278年元兵进犯，奋力抗元，后兵败被俘，遭掳至大都、囚禁在兵马司土牢达4年。文天祥面对元统治者的软硬兼施、恩威并用都毫不动摇，誓死不降，在狱中写下了千古不朽的《正气歌》。

文天祥的胞弟文璧，官至广东惠州知府，在文天祥被囚时曾前往探视，并表达愿与兄长同赴国难的夙愿，但文山公以忠孝之别晓之大义，嘱咐文璧要养母抚后。文璧于是便携家前往宝安黄松岗鹤仔围隐居，直到明初才公布文氏家族的身世，到清代嘉庆年间（1796—1820年）才开宗祀，在南头城建信国公文氏祠。而现如今文氏族人在深圳称文璧为"始祖"，文山公文天祥为"太祖伯"，信国公文氏祠便是文璧后人建造，在南头田寮仔有一公顷左右稻田和鱼塘作为祭田，所得收入专供黄松岗文氏大宗祠与信国公文氏祠公用，族中委派一名长者料理祠内事务。文氏在宝安的松岗、福永，福田的岗厦，香港新界的新田和东莞的涌头等地，子孙繁衍，世泽流长。

北族南迁的"活化石"
曾氏大宗祠

空间

曾氏大宗祠位于宝安区新桥街道大宗祠路西端，东、北接排涝河，西临中心路，南邻新桥同富裕工业区。曾氏大宗祠是宝安新桥曾氏家族的总祠，坐西北朝东南，为五开间三进深布局。

名志

曾氏大宗祠的名字来自新桥曾氏家族的总祠。

该宗祠始建于清代。清嘉庆三年（1798 年），新桥曾氏家族获钦赐建造牌坊的荣耀，为了凝聚分散各地立村的族人，在华城曾公祠到观音天后古庙之间的空地上，重新规划，建起了曾氏大宗祠、古乔曾公祠、藩北曾公祠、维鲁公家祠，在观音天后庙的东侧，还建起桐轩书室、翠松曾公祠等祠堂。

族群

整个岭南地区的发展史就是北方各姓氏向南迁徙、落地生根的历史。据《新桥曾氏宗谱》记载，南宋建炎三年（1129 年），曾仕行和曾仕贵兄弟从南雄珠玑巷南迁，先到羊城，因没有找到一块容身之地，决定分头行动。分手时，他们将一块猪腰石砸开，各人拿一半，作为后人相认的凭证。后曾仕行卜居番禺小龙乡（今广州市番

禺区石碁镇小龙村），曾仕贵始居东莞县前，再徙南栅（今东莞市虎门镇南栅社区），其后裔最后落籍归德场（今新桥、沙井、福海街道一带），被奉为新桥曾氏开基祖。明代中期，曾氏后裔分布到新桥的四周，建立起多个村落。

新桥曾氏家族历来重视耕读传家的传统，历史上也涌现出无数的文人。宗祠前原来还竖立有 10 多对旗鼓墩，相传旧时凡族中弟子中举或升官，均在宗祠立杆竖旗，以示荣耀。据清代《新安县志》记载，从康熙二年（1663 年）曾太元取得恩科副榜，到嘉庆二十四年（1819 年）曾省取得恩贡，新桥曾氏子弟共有 34 人取得功名，其中还有 3 位武举人。

岁月

曾氏大宗祠自民国初期被改办为学校，直到改革开放后建了新学校。该宗祠于 2005 年重修。

1918 年，新桥曾氏家族在曾氏大宗祠建新学堂。中华人民共和国成立后，新桥小学仍以"曾氏宗祠"为校舍，黄埔、上星、上寮等村的高小学生也都来新桥小学就读，一直被新桥人称为"大学堂"。20 世纪六七十年代，可同时容纳在校就读学生 500 多人。1988 年 9 月，新桥小学新校舍建成，才迁出曾氏大宗祠。2005 年，宗祠重修并在中堂前天井处重新竖立石碑，记述了新桥曾氏始祖发迹的经过。曾氏大宗祠是深圳唯一一间五开间祠堂，它建筑等级高、建筑艺术好，更是深圳保留的最大的一座宗祠。

左页上图：
曾氏大宗祠建筑正面
左页中左图：
曾氏大宗祠内"道传一贯"大堂
左页中右图：
曾氏大宗祠内大学堂
左页下左图：
曾氏大宗祠内牌坊"片石流辉"题额
左页下右图：
曾氏大宗祠内牌坊"大学家风"题额

风尚

新桥曾氏家族以曾子为始祖。曾子，名参，字子舆，是孔子的七十二弟子之一，在儒家文化中具有承上启下的重要地位。终其一生，他以"事亲至孝，悟圣道一贯之旨"，而被后世尊称为"宗圣"。在新桥，原有一座太公庙，就是纪念曾子的庙宇，被毁于 20 世纪 60 年代。新桥曾氏提倡"大学家风"，将"体忠行恕、讲让型仁"作为族人的行为指南。曾氏大宗祠是历史文化遗产，也是反映深圳古代乡土社会繁衍发展的"活化石"。

客家围屋的传世之作
大万世居

空间

大万世居位于坪山区大万路，是一座始建于清代乾隆中期的客家围屋，由曾姓开基
始祖曾传周修建，占地面积约 15000 平方米，是国内占地面积最大的方形客家围屋，
也是深圳市保留至今最大的一座清代中期客家围屋，并存有当时的人工水利工程，
其平面近似矩形，平面布局为三堂六横四角楼。

名志

大万世居于建设时起名，起名渊源有二：

其一，《汉书·刘向传》："营起邑居，期日迫卒，功费大万百余。"《汉书·匈奴
传下》："费岁以大万计。"唐颜师古注："大万，亿也；大，巨也。"《辞海》："大
万：巨万。谓数极多。"其意为"（数目）巨大"。大万世居的建设过程，工程费时
久、斥资巨大、规模大，在我国古代客家围屋建筑中可说是屈指可数，故名"大万"。

其二，《易经·乾卦·彖传》载："大哉乾元，万物资始，乃统天。""大万"一名
或许也来源于此，象征着曾氏先祖自强不息的事迹，也寄寓了对家族后代开枝散叶
的美好祝愿。

族群

宝安古代客家先贤曾传周（1734—1819），字端义，诰授儒林郎，正六品官。

在他的带领下，大万世居于清乾隆中期开始建设，历经数十载，乾隆五十六年（1791年）建成，距今已有200多年的历史。

据《大万曾氏重修族谱》记载，一世祖曾传周年轻时家境贫寒，靠养鸭鹅和推独轮车运石灰过活，后日久略有积蓄，却因其好赌，没过多久家境便败落了。他想建房子，但没人敢借钱给他；他向族人借赌资，更是遭到奚落。终有一天，曾传周痛改前非，砍断拇指立誓戒赌。此后便重整旗鼓，日出而作、日落而息，慢慢在坪山、龙岗、淡水等地开办了榨油坊、熬糖厂和多家店铺，渐渐积累起财富。家业有一定基础后，曾传周开始兴建围屋。大万世居的建造主要分两个阶段。围屋有内外两重围墙，内围是乾隆时期始建的端义公祠的老围，外围是道光年间扩建的，此时，端义公祠的老围才更名为"大万世居"。

第一阶段建造了"宝斗心"建筑（现位于大万世居内部），始建时间约在清代乾隆中期。

曾传周财丁两旺，到其86岁寿终前，五代同堂。围屋规模因为家族兴旺而不断发展扩大，在乾隆末年建成外围的建筑群及大墙，"大万世居"最终落款为"乾隆五十六年立"，即1791年。大万世居是曾姓家族居住、生活和工作的地方，最多同时居住过100多户人家。大万曾氏后人今有上千人，居住在深圳、香港及南洋等地。

风尚

清代至今，曾氏家族便流传着"大和保合　万福攸同"这一"大万"藏头联，意为和睦之气得到保全，大家同享福气。每年春节，族人便会将其抄写于红纸，贴于世居正大门。而祠堂大门则会贴另一藏头联"大学家声旧　万民气象新"。《大学》相传为曾子所著，该联意为先祖留下的不朽的文化遗产，家族拥有声誉，如今大家万众一心、发扬光大，开辟新气象。

曾氏家族非常注重祖宗礼法与家族声誉。曾氏先祖曾子在孔子的弟子中以孝著称，曾氏亦是以孝传家，历代子孙不忘祖训。

1983年起，大万曾氏家族于每年春节重兴祭祖大典，海内外的端义公后人如百鸟归巢般回乡祭祖、舞麒麟、祭祖先、放鞭炮、开新年。

"大万祭祖"仪式遵循古制，于 2013 年 4 月入选深圳市非物质文化

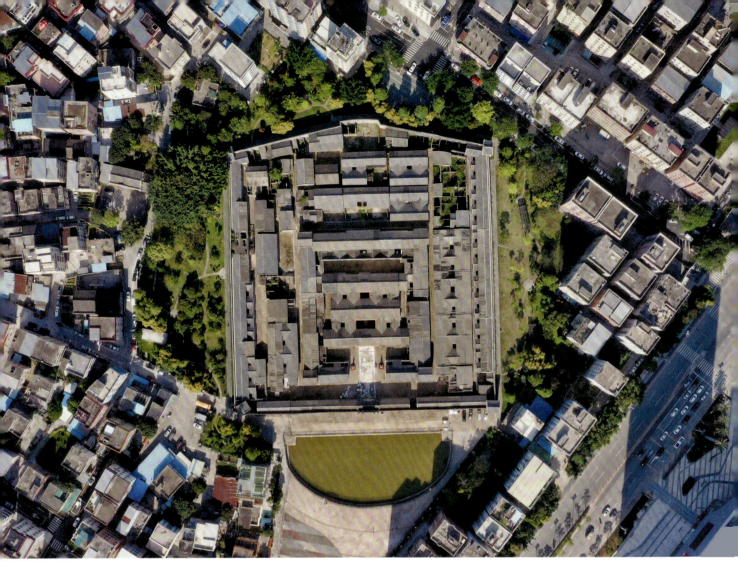

遗产名录。

岁月

2002 年 7 月，大万世居成立大万世居客家民俗文化博物馆。

2011 年，坪山新区将大万世居打造成客家非物质文化遗产展示园区。

2018 年，同年，坪山城市书房·大万世居正式亮相，大万世居被活化利用为一个兼具图书阅读、文化休闲等多功能于一体的有温度、高品质、特色化的公共文化阅读空间。

上图：大万世居俯瞰

客家人的乔迁地
新乔世居

新乔世居是深圳地区保存较完整的典型客家围龙屋，占地面积约有9000平方米。

新乔世居由黄氏三世祖黄振宗（昂燕公）于清乾隆十八年（1753 年）建成，因建

在一座新拱桥附近，故取名"新乔世居"，寓示新的乔迁地。

据黄氏族谱记载，黄氏始祖朝轩公"性本仁慈，尤精医术，雅好施药，凡里中人疾病皆应效入神"。康熙三十年（1691年）至清光绪年间，随着人口与经济实力的增长，坑梓黄氏先后修建了30余座大小围屋。

新乔世居一围、三堂、四横、四角楼、一望楼的建筑结构，与兴梅地区典型的围龙屋加四角楼形式有直接继承关系。

值得注意的是，带花头的围龙为单间房组合，中间有望楼，而其余堂横屋均为"斗廊式"单元房组合，

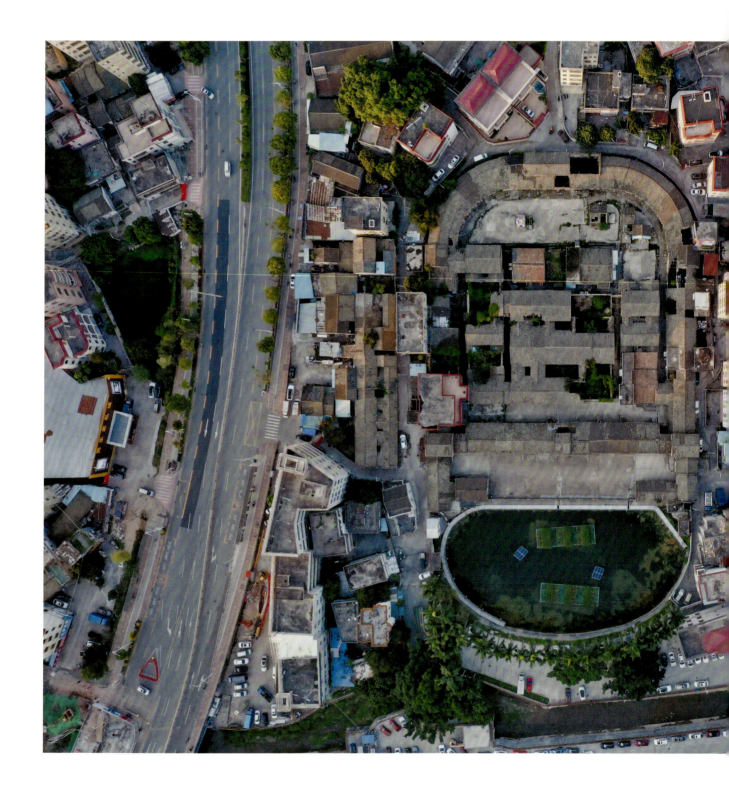

上图： 新乔世居俯瞰

这是对客家围建筑的继承与发展。

该围楼的角楼较矮，只比二层围屋高出一个山尖，这是清代康乾时期惠阳、深圳地区客家围楼的特征。

新乔世居内的黄氏宗祠祖堂上挂有清光绪年间兵部尚书曾国荃、两广总督岑春煊等人所题的"文魁""恩贡"等牌匾，表明文风之盛。代表楹联"绩著循良第一，家传孝友无双"亦书于清代。

客家民俗博物馆
鹤湖新居

鹤湖新居是深港地区城堡式围楼的典型代表，现为深圳客家民俗博物馆，坐西南朝东北，原为依山面水，地势前低后高，取"步步高升"之意。

鹤湖新居占地面积 25000 多平方米，围屋内除角楼、望楼为四层之外，其余多为两层结构。

有房 300 多间，以祠堂为中心，阁、楼、厅、堂、房、井、廊、院、天井等建筑互相关联，有"九天十八井，十阁走马廊"之称。

鹤湖新居始建于清乾隆四十七年（1782 年），由广东兴宁客家人罗瑞凤创建，前后历经罗家三代人 50 余年的努力而建成，新居内围建成时间是清嘉庆二十二年（1817 年），外围建成时间是清道光九年（1829 年）。鹤湖新居因位于龙岗墟鹤湖山旁，是罗氏家族聚居场所，故名。

鹤湖新居集生产、生活、防御等多种功能于一体，罗氏家族曾在此聚族而居近 200 年，最多时有约 1000 人在此居住。作为全国占地面积最大的客家民俗建筑之一，鹤湖新居继承了中原府第式建筑、赣南客家四角楼和粤东兴梅客家围龙屋的传统，同时融汇了深圳当地广府民系"斗廊式"（一天井、两廊、一厅、两房）住房的优点，集闽、赣、粤客家围屋的精华，体现了客家文化与广府文化的交融。鹤湖新居被誉为"客家建筑的活化石""客家建筑艺术的结晶""客家人开发深圳东部的历史见证"。1996 年，鹤湖新居被当地政府辟为深圳客家民俗博物馆。

右页左图： 鹤湖新居街巷
右页右图： 鹤湖新居正门

重商重文的客家传统
茂盛世居

茂盛世居是深圳著名围屋，其正面朝西偏北 30 度，占地面积 6318 平方米，主体建筑为土木结构，主要承重墙体均用三合土夯筑而成，其外围墙体厚达 1 米，高 6 米，有较强的防御功能。围内的核心部分是两横三堂式的五凤楼式建筑，是家族祠堂所在地。

茂盛世居又名"茂盛围"，据《茂盛何氏族谱》记载，其始建于清嘉庆年间，创建者为何维松、何维柏兄弟，"茂盛"一名来源于二人父亲何俊茂之号，而该地是何氏家族聚居之处，故名。

清乾隆末年（1795 年），何维松、何维柏两兄弟从原籍梅州兴宁县永和乡炉铺岭村来到横岗。他们从蓄豆芽、磨豆腐、卖烧酒等肩挑小

左图：茂盛世居街巷

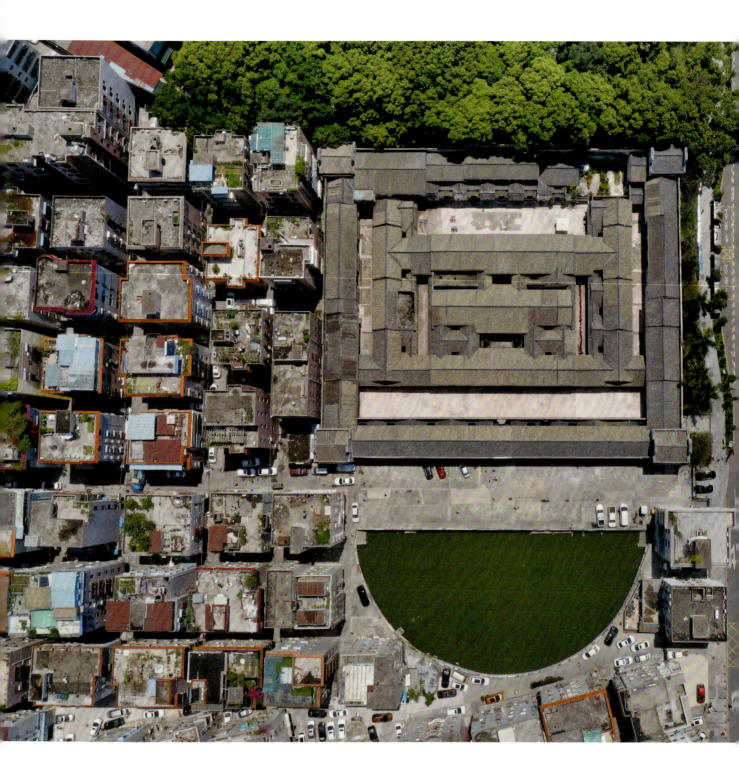

上图：茂盛世居俯瞰

生意做起，继而开货栈、建酒坊、养猪屠宰，在横岗墟创办了"茂盛"商号，经过多年拼搏，终成横岗大富之一。为建造茂盛世居，何氏兄弟聘请了有名的"神行"（当时的土建工程师），组织数十名能工巧匠施工，一时远近闻名，世居落成时是横岗当地的一大盛事。

何氏兄弟不仅善于经营，更知书达理、重视教育，建成围屋后又兴建了"冠英书屋"，何氏族人称之为"大书房"。族人规定以族中公款办学，聘请先生教育子弟，因此出了许多读书人。

茂盛世居围屋外门除正大门外，左右各有侧门一道，有所谓"开了门有百家，闭了门是一家"之称。

围墙遍布枪眼，四角设有碉楼互相照应，极具防御功能，反映了客家人历代迁徙、在异乡立足的艰难，以及由此培养起来的防患意识。民国时期，茂盛世居经过较大的修缮和加建，建筑格调中混有大量欧式风格构件和单元，不同于其他客家民居建筑的纯粹，反而别具特色。这也是深圳客家人在海外活动频繁的体现。

围龙湾里出状元
龙湾世居

龙湾世居是典型客家围屋，三堂两横四角楼一望楼一围龙对称结构，围屋坐北朝南，偏东40度。

占地面积 6400 平方米，建筑面积 5966 平方米。

龙湾世居由大水湾村开基先祖黄瑞瑛所建，建于清乾隆四十六年（1781年），因其所在的大水湾村，又称为"龙湾村"而得名。"阿婆叫沥河"环绕整个村子，从地形上看，犹如一个大大的水湾，故得名"大水湾"，又加上位于龙田街道，继用"龙"字，也叫"龙湾"。

龙湾世居中堂门口原有两块状元石，表示世居曾出过两位朝廷命官，一位是七品侍郎泰元公，另一位是贡生文元公（敕匾上写的是"拔元"）。

城市角落的风水局
荣田世居

荣田世居在深圳坪山区坑梓街道的一个偏僻之地，建于清光绪三十四年（1908年），迄今已有100多年的历史，由坑梓黄氏十八世祖俊明修建。

因本村姓氏上为"田"字辈，他们为了光宗耀祖，所以村名用"荣"字开头，以"田"字连带。

荣田世居建筑风格效仿坑梓黄氏先辈所建"龙田世居"，建筑均用三合土夯筑而成，整体建筑前低后高，错落有致。目前主体结构保存较完好，但原有四个角楼中的三个在"文化大革命"时被毁，现只剩下西北角一个带镶耳墙装饰的角楼，枪眼、望窗俱全。幸运的是，荣田世居的整体结构和布局都保存得很好，梁架、基础、墙体、柱础以及屋内木雕等木构件都较为完好。

荣田世居恢弘大气，建筑精美，是一座既追求防卫功能又讲究风水，文化内涵较为丰富的精品建筑，对研究客家居民迁徙深圳及其风俗、生活习惯很有价值。

下图：荣田世居俯瞰

深圳速度的时代象征
国贸大厦

神州第一楼

国贸大厦于 1982 年 4 月破土，同年 10 月开工，1985 年 12 月 29 日竣工，历时 38 个月建成，该大楼始建时由深圳市物业发展公司开发，现名为"深圳国际贸易中心"，简称"国贸"。国贸大厦是最早由国人设计、采用招标建设并实行物业管理的中国第一栋超高层建筑，是当时全国最高的建筑，被媒体誉为"神州第一楼"。

深圳速度

国贸的建筑设计方为中南建筑设计院，施工方为中建三局。大厦主楼为方形塔楼，采用筒中筒结构。外墙采用铝合金玻璃幕墙，为国内首例。该项目大面积应用滑模施工，在主体结构施工阶段，中建三局一公司曾经创造了"三天一层楼"的高速度，被人们誉为"深圳速度"。

该事件曾入选 1990 年深圳经济特区创办 10 周年"十大新闻"，成为深圳经济特区高速发展的时代象征。

上图： 国贸大厦街景

南方谈话

1986 年 4 月 25 日，我国当时最高、最大、设备最先进同时也是世界十大旋转餐厅之一的国贸大厦旋转餐厅开业，每 60 分钟旋转一圈，可供 400 人同时就餐。来自国内外的专家云集深圳，参观者络绎不绝，是深圳接待国内外游客的重要景点。党和国家领导人邓小平、江泽民、李鹏等先后莅临国贸大厦，国际政要尼克松、老布什、海部俊树、李光耀、加利也先后到国贸大厦访问过。1992 年 1 月，邓小平莅临国贸大厦并在国贸旋转餐厅发表了长达 30 多分钟的"南方谈话"。深圳最早的证券交易所也位于国贸大厦。

国贸大厦作为"深圳经济特区的窗口"、深圳速度的体现和邓小平发表"南方谈话"的重要场所，成为中国改革开放的时代象征。

九十年代最高楼
信兴广场

地王大厦

1993 年 4 月，信兴广场的桩基础提前开工，并于 1994 年 5 月正式开工，同年发展商在投资建设时申请命名，取"因诚信而繁兴"之意。因信兴广场所占地块当年拍得深圳土地交易最高价格，被称为"地王"，所以该项目又被约定俗成地称为"地王大厦"。

90 年代的深圳速度

1996 年 6 月信兴广场完工，并于 1997 年 4 月正式营业。对于老深圳人来说，"80 年代看国贸，90 年代看地王"的观点深入人心。信兴广场（下文或称为"地王大厦"）是 20 世纪 90 年代深圳"二次创业"的标志性建筑。该大楼施工方为中建三局，在工程施工过程中，混凝土工程采用了 11 项新技术，采用地下建设和地上建设同时进行的爬模技术 83 次，最快时创造了两天半一层楼的施工速度，超过了国贸大厦的"三天一层楼"，被誉为 20 世纪 90 年代的深圳速度。

亚洲第一高楼

地王大厦在建成时成为亚洲第一高层建筑、世界十大高层建筑之一和中国改革开放以来第一座框架钢结构建筑。

从建成之日起，地王大厦一直是深圳风光片中的主角之一，并且将深圳最高建筑的纪录保持了多年，一直到 2011 年京基 100 在其近侧落成。地王大厦是深圳的一个符号，创造和见证了深圳的光辉岁月。

右页图：信兴广场街景

新世纪城市新高度
平安金融中心

平安金融中心位于深圳市 CBD 金融区，由约 600 米高的北塔（118 层）、286 米高的南塔（48 层）及裙楼等部分组成，是包含甲级写字楼、商场、深圳柏悦酒店及云际观光层的大型城市综合体，按照国际顶尖标准规划建设。建筑底部为八边形，逐渐向上升腾至细长的顶部尖塔。建筑设计方为美国 KPF 建筑事务所，中方合作单位为悉地国际。平安金融中心因是平安集团总部，故名。

刷新城市纪录

平安金融中心的建成刷新了深圳最高楼的纪录，在深圳 CBD 的天际线添上决定性的一笔，并跻身全球超高层建筑的前列。

平安金融中心项目在多项工程指标上均创造了中国建筑领域的新纪录，并克服了在市中心开展大规模施工难度大的问题，自建成以来，项目荣膺了第十六届中国土木工程詹天佑奖、"世界最高办公建筑"及 2019 年度全球 400 米以上最佳建筑奖等多项国内外大奖。

上图： 平安金融中心代表的城市新高度

平安金融中心 Free Sky 云际观光层位于大楼 116 层，541 米海拔高空，可以 360 度鸟瞰深圳四面八方不同景观与城市风貌。这里配备了目前国内提速最快的多媒体 OLED 观光电梯，只需约 55 秒，游客便可以 10 米 / 秒的超高速抵达观光层，360 度鸟瞰深圳的城市风貌与云际光影。

深圳高度

超高层建筑，是一个城市时代变迁的标志。

纵观深圳数十年发展，无数高楼以惊人速度拔地而起，从 1985 年的国贸大厦、1996 年的地王大厦，到 2011 年的京基 100 大厦，再到 2016 年的平安金融中心，不断被刷新的"深圳高度"，是一个城市时代变迁的标志，传递着深圳不同时间段内独具符号意义的城市形象，也象征着深圳的蓬勃朝气与活力。

电子工商业发祥地
中电广场电子大厦

中电广场电子大厦（以下简称"电子大厦"）曾是比国贸大厦还早的深圳第一高楼，是20世纪80年代初期的深圳地标，也是华强北商圈与深圳电子业的发祥地。中电广场电子大厦共20层，高70.3米，因是中电投资股份有限公司投资兴建，故名。

华强北电子商圈的中心

1981年1月20日，经济特区建立还不到半年，电子大厦就破土动工。这时的深南路还是一条只有7米宽、仅够两辆车来回并行的路，还是一条蜿蜒在田野荒坡间的土路。这座代表经济特区雄心和成就的最高建筑，曾一度面临停工的命运。1982年深南路扩建，当深南路确定红线宽度为60米时，电子大厦基本贴着人行道，与后来要求后退至离道路红线15至30米不等的建筑相比，电子大厦成为深南中路上最前突的建筑。此后围绕电子大厦，逐渐兴起了华强北电子商圈。1982年起，华强路开始集资修建，尔后这里成为中国电子第一街，中国南方最重要的电子商圈之一。自1987年起，电子工业已居全市工业的第一位，深圳的电子业占全国电子业七分之一，成为全国电子业的"老大"。

凝聚深圳人的创业梦想

电子大厦见证了深圳电子工商业的崛起和发展，也凝聚着深圳人的旧情怀和新梦想。值得一提的是，电子大厦是当年来到深圳开发建设的基建工程兵参与的项目，参与建造的是基建工程兵第1支队深圳指挥所。深圳的许多建设项目都有基建工程兵的辛勤付出，如市委大楼、园岭新村、深南大道等。

金融改革从此起始
深圳证券交易所

深圳证券交易所（以下简称深交所）最初在国贸大厦副楼由商场改装的交易大厅筹备，后来因地方太小而搬至红岭路的深国投大厦 15 楼。从 1993 年 1 月起，深交所先后辗转到深圳大剧院、上步工业区 203 栋等处开辟新的"根据地"，至 1997 年位于深南东路蔡屋围金融区的深业大厦竣工，1998 年深交所方在此挂上金字招牌营业。今天的深交所广场于 2006 年进行方案竞赛，2008 年始建，2013 年 10 月竣工。深交所是经国务院批准设立的全国性证券交易场所，受中国证监会监督管理。

1990 年 12 月 1 日深交所开始试运行，并在此迎来了它的第一笔交易。

1991 年 1 月，金田、万科等标准股票开始集中交易。1991 年 7 月 3 日，深交所正式开业。1992 年 1 月，邓小平视察深圳，在了解了深圳股市的情况之后，邓小平指出："有人说股票是资本主义的，我们在上海、深圳先试验了一下，结果证明是成功的，看来资本主义有些东西，社会主义制度也可以拿过来用，即使错了也不要紧嘛！错了关闭就是，以后再开，哪有百分之百正确的事情。"这番论述从根本上消除了人们的疑虑，对证券市场的发展起到了巨大的推动作用。

经过 30 多年的发展，深交所初步建立起板块特色鲜明、监管规范透明、运行安全可靠、服务专业高效的多层次资本市场体系。

右页左下图：
深圳证券交易所大厦广场绿地

右页右下图：
深圳证券交易所前的雕塑

中国经济特区的世界舞台
深圳会展中心

深圳会展中心占地面积 22 万平方米，建筑面积 28 万平方米，9 个展厅铺设成 "U" 形，室内展览面积达 105000 平方米。深圳会展中心是由德国 GMP 建筑事务所设计。

钢结构、玻璃穹顶和幕墙完美结合，夜间在灯光的点缀下，玲珑剔透，有 "水晶宫" 之美誉。

良好的产业基础、宽松的政策环境、特有的区位优势，使深圳成为国内最重要的会展城市之一。

1999 年 10 月 5 日至 10 日，首届高交会在新建成的深圳高交会展览中心举行。成为继中国进出口商品交易会（广州）、中国国际投资贸易洽谈会（厦门）之后的又一个国家级交易盛会。从此，中国高新技术成果实现产业化有了一个卓有成效的转化平台。高交会临时场馆如同一面风帆般轻盈地矗立在深南大道旁，高交会在此举办了 7 届，直到 2006 年这座临时展馆被拆除，但那个曾经的地标性建筑仍然镌刻在不少深圳人的心中，也成为高交会极其珍贵的记忆。2004 年，位于滨河大道旁的深圳会展中心建成并投入使用，成为高交会的正式展馆，至 2018 年，高交会在此度过了 20 岁"生日"。

深圳会展中心一落成便成为深圳市 CBD 标志性建筑之一，也是深圳最大的单体建筑之一，附近的会展中心地铁站成为深圳最繁忙的地铁站之一。

世界单层面积最大的书城
深圳书城·中心城

深圳书城·中心城占地面积 8.7 万平方米，建筑面积 8.2 万平方米，高 12 米，共 3 层，于 2006 年 11 月 6 日正式开业，因位于深圳市中心区北中轴线上，以文化书卷为主题，故名"深圳书城·中心城"，约定俗成地被称为"中心书城"。

最美新华书店

深圳书城·中心城是深圳出版集团旗下的深圳书城旗舰店，是首家体验式书城，提供 30 多万种中外出版物，组合 100 多个创意生活类项目，每年举办文化艺术类活动 700 多场。在国内首创"深圳晚八点——新型都市晚间文化生活空间""24 小时书吧——阅读生活不打烊"等公益文化品牌。

这种现代化书业经营管理模式，集阅读、学习、展示交流、聚会休闲、创意生活为一体的新型复合式文化生活空间、精神文明建

设重要载体和公共文化服务的重要阵地，在全国起到了先导作用。

深圳书城·中心城荣膺 2007 年度"中国超级书城""中国实力书城"称号。2015年，中心书城 24 小时书吧被中国书刊发行业协会授予"文明店堂"称号。2017 年，深圳书城·中心城被中国新华书店协会评选为"最美新华书店"。

以书为城

近 20 年的时间里，深圳书城实现了由最初的图书大卖场到城市公共文化空间的转变，实现了文化溢出效应。整个中心区的城市设计被视为作曲，书籍、建筑、城市与人在此处共同完成了这份"城市音乐总谱"，书城在构建一种伟大的场所精神或城市精神。

左页上图：深圳书城·中心城入口
左页下图：深圳书城·中心城内景

商业旺地的文化殿堂
深圳大剧院

深圳大剧院于 1984 年 2 月奠基，建成于 1989 年，曾用名为"深圳市群众文化广场"，后于 2004 年重新装修，于 2006 年 3 月重新营业，改为企业制管理，并变更为今名，是深圳市具有代表意义的、以戏剧演出为主要职能的场所。

深圳大剧院是 20 世纪 80 年代的"深圳八大文化设施"之一，选址于当年罗湖与福田之间最好的一块"旺地"，所处的深南东路和红岭路也分别是当时深圳东西向和南北向最宽的路。占地面积 4.3 万平方米，建筑面积 47388.46 平方米。主体层数 6 层，主体高度 18 米。设有 1 个大型剧场（1199 座），1 个音乐厅（612 座）。

金色精灵

当年建成的大剧院是一个金色玻璃的水平盒子，装饰着金色的玻璃幕墙，被誉为"金色的精灵，深圳的骄傲"。

2000 年以来，因十几年的频繁使用而变得硬件陈旧，面临改造或重建的命运。有识之士认为保留这一历史文化建筑，更有益于建立深圳新的发展观和价值观。2004 年，重新改造后的大剧院将金色玻璃换为半透明玻璃，焕然一新而又不失历史风韵；取消了原来的下沉广场，南西广场成为罗湖区最大的休闲广场之一；同时扩大了公共停车场的面积，增建了贵宾厅、观光电梯和残障人士专用通道，更加体现了国际化和人文化。

高雅艺术的殿堂

深圳大剧院承载了深圳 20 世纪 80 年代至今的文化历史，开业当年即成功举办"中国深圳一珠海国际艺术节"，这一高档次、多风格的国际舞台艺术交流活动，在当时的中国尚属首次。此后，常年承接国内外各种艺术演出和节庆活动，在促进中外文化交流方面发挥了重要的作用，被市民自豪地称为深圳"高雅艺术的殿堂"。

"深圳大剧院艺术节"是全国第一个以剧院名来命名的艺术节，2017年起被选入"深圳城市文化菜单"。

上图：深圳大剧院广场

储藏深圳的城市记忆
深圳博物馆

- 古代艺术馆：位于福田区华强北街道同心路 6 号，深南大道北侧
- 历史民俗馆：位于福田区莲花街道福中路市民中心 A 区
- 东江游击队指挥部旧址纪念馆：位于罗湖区东门街道南庆街 13 号
- 深圳改革开放展览馆：位于福田区莲花街道福中路 184 号，当代艺术馆与城市规划展览馆南区

右图：深圳博物馆古代艺术馆

为年轻特区注入历史重量

同心路 6 号的深圳博物馆（即后来的古代艺术馆）为 20 世纪 80 年代的深圳市八大文化设施之一，是深圳文物收藏展览和地方史研究中心。

古代艺术馆主体层数为 4 层，主体高度为 12 米，占地面积约 3.8 万平方米，建筑面积 1.98 万平方米。曲折的长廊将展览大楼、文物库、办公楼和影视厅 4 座单体建筑连成一个整体建筑群。展览大楼前广场宽阔，南广场所竖立的铜铸雕塑《闯》是深圳市标志性的著名雕塑。展览大楼是一座 4 层的古堡式建筑，外表用米黄色泰山砖镶嵌，大门两侧镶嵌有花岗岩雕塑《古代耕战图》。展览大楼内以中央大厅为中心，螺旋式地分布了 4 层 13 个展厅。展览面积 3900 多平方米，为全封闭形式，采用中央空调和主控光源，配备有多种安保设施和自动报警系统。

该馆在建成之初被誉为国内最现代化的博物馆，是国内第一座全封闭带空调的中西合璧风格建筑，获得"全国公共文化设施设计二等奖"，构建着深圳历史与文化的时间隧道。

自 20 世纪 90 年代开始，深圳博物馆就与国贸大厦、锦绣中华名列外宾访问时的三个重要景点，"深圳经济特区建立十周年""今日深圳"等大型展览在此举办。

穿越浓缩深圳史

历史民俗馆占地面积 1.25 万平方米，建筑面积 3.36 万平方米，主体层数为 3 层，主体高度为 15 米。展楼共 3 层，展览面积 1 万多平方米。观众可通过办理智能卡，在参观时主动获取自己需要的信息。1 楼设有 500 多平方米的儿童观赏区，2 楼、3 楼分别设有"深圳古代史""深圳近现代史""深圳改革开放史"展区及休息间。

铭记深圳烽火岁月

东江游击队指挥部旧址纪念馆，占地面积 240 平方米，建筑面积 794 平方米。建筑坐西朝东，由一座面阔 8.5 米、进深 10.29 米的砖混结构的三层主楼及其西侧的面阔 4.42 米、进深 12.05 米的二层砖木结构副楼组成。

改革开放是深圳的城市名片

深圳改革开放展览馆，占据当代艺术馆与城市规划展览馆南区四楼、五楼两层，展览面积 6300 平方米。深圳改革开放展览馆长期展出"大潮起珠江——广东改革开放 40 周年展览"，按照广东改革开放的历史进程分为"敢为人先 勇立潮头（1978—1992）""增创优势 砥砺前行（1992—2012）""走在前列 当好窗口（2012—2018）"三个部分，全面、生动和立体地展现广东改革开放 40 年的壮阔历程和辉煌成就。

深圳博物馆是市民观众参观学习、深圳市政府接待和进行外事活动的重要场所。开馆至今已接待国内外贵宾及观众 1000 多万人次。2018 年观众量超过 200 万人次，位居国内博物馆前列。深圳博物馆已成为展示深圳和中国改革开放的重要窗口。

左页图：
深圳博物馆古代深圳常设展和深圳博物馆内常设深圳民俗文化陈列馆

从文化中心到文化客厅
深圳音乐厅

深圳音乐厅由日本著名建筑师矶崎新（Arata Isozaki）主持设计，由深圳市政府投资 7.76 亿元兴建。 这座现代化的、专为演奏音乐而设计建造的专业音乐厅，是继深圳大剧院之后，深圳市兴建的符合市民高雅文化需求的一项文化设施。

建筑外墙采用"黄红青白黑"五色，蕴含象征中国传统五行的理念。二楼入口的金树大厅，由巨大的四组树状构造形成，树干和树枝被贴上金箔，称作黄金树，在日光和灯光下均呈现出金碧辉煌、流光溢彩的特定场所感。

深圳音乐厅的落成，为深圳接待国际大型交响乐团演出、举办大型国际音乐赛事等提供了符合国际标准的专业艺术活动空间。

深圳音乐厅与深圳图书馆立项时并称"深圳文化中心"，是深圳新一代文化设施中的标志性建筑，如今已成名副其实的文化客厅。

有一种感动，只能在这里发生

自 2007 年 10 月投入使用以来，祖宾·梅塔、郎朗、谭盾、吉顿·克莱默、祖克曼、艾森巴赫、以色列爱乐乐团、伦敦爱乐乐团、新加坡华乐团、深圳交响乐团等国内外著名的音乐大师和乐团奏响的优美旋律让观众领略到了世界一流艺术家和演出团

上图：深圳音乐厅内钢结构

体的风采。如今，深圳音乐厅打造的"春聆音乐厅演出季""缤纷夏日演出季""秋聆音乐厅演出季"三个演出季已经深入人心，交响乐、声乐、独奏及重奏、打击乐、爵士乐、民乐等形式多样、精彩纷呈的演出，深受广大市民喜爱，也大大提升了深圳的城市品位。

2009 年 3 月 21 日，深圳音乐厅推出了"美丽星期天"的姊妹篇——小型普及性公益音乐艺术演出"音乐下午茶"，于每周六下午 3 时至 4 时，在金树大厅对市民免费开放。经过十多年的耐心耕耘，"有一种感动，只能在音乐厅发生"，成为深圳音乐厅令人过耳难忘的口号。

深圳音乐厅夜景

世界上最繁忙的图书馆
深圳图书馆

深圳图书馆前身为宝安县图书馆，始建于 1951 年。1979 年，宝安县撤销，深圳市设立，宝安县图书馆正式更名为深圳图书馆。1977 年至 1986 年，深圳图书馆先后三次筹建新馆，并最终于 1982 年正式确定馆址于红荔路荔枝公园西北侧。新馆由广东省建筑设计院进行设计，经 3 年建设后正式开馆。2007 年迁至福中一路今址再建新馆，并于 2007 年 9 月开馆使用，原红荔路旁的图书馆被改作深圳少儿图书馆。

1988 年，深圳图书馆与文化部签订协议，研发出"图书馆自动化集成系统"（I—LAS），并于 1992 年获文化部科技进步一等奖，后又获联合国"发明创新科技之星"奖。1993 年 11 月，被评为广东省"文明图书馆"。原深圳图书馆是深圳建设之初的八大文化设施之一。

曾被国际图联官员称为"世界上最繁忙的图书馆"，是"图书馆界的一颗明珠"。

上图：深圳图书馆内景

一座标新立异的城市文化里程碑

深圳图书馆与深圳音乐厅立项时并称"深圳文化中心"，是深圳市政府投资兴建的大型现代文化设施，由 2019 年普利兹克建筑奖得主、日本著名建筑师矶崎新（Arata Isozaki）于 1997 年统一设计，并于 2007 年竣工。建筑造型采用后现代主义的手法，来建造"一座标新立异的城市文化里程碑"。

建筑师分别通过西面封闭隔噪的墙体，向东倾斜的弧线屋顶，开放透明、状如竖琴琴弦的东立面，创造出该建筑的独特文化性。

建筑色彩上也隐喻了中国五行传统：黑墙（西墙）、红塔（电梯间）、白框（玻璃垂帘）、青光（黑墙光带）、黄墙（音乐厅北墙）和黄金树（两个入口大厅的树状钢结构，贴以金箔。后来图书馆将一侧金树改为银树以示区分，一为金树大厅，一为银树大厅）。建筑模式从传统模式变为全开放、大开间、无间隔的"模数式"布局。白天日光倾泻而下，夜间灯火通明，成为福田中心区最为动人的文化建筑之一。明亮通透的内部空间，开放免费的公共服务，让每一个进入者都感到由空间带来的自由和幸福。三三两两席地而坐的读者，也构成了建筑内部的景观。有评论家表示，"只有钻到建筑内部体验过之后，建筑外观的内部因素才会真正激活"，并且"阅读的开放性和公共性，将指向思维的开放性和公共性"。

先锋之城的先锋气质
当代艺术与城市规划馆

当代艺术与城市规划馆包含两个相互独立的场馆：当代艺术馆和城市规划馆，以其功能命名，别称"两馆"。"两馆"于 2014 年开工，2016 年竣工，2017 年 12 月开馆。"两馆"项目总用地面积 29688 平方米，总建筑面积为 91259 平方米，地下 2 层，地上 5 层，总高度约 40 米，总投资 15.6 亿元。"两馆"共用入口大厅、多功能展厅、观演厅、会议室和服务区域。三层及以下连为整体，三层以上"两馆"分开，空中钢连桥作为"纽带"于五层位置将"两馆"及云雕塑三者连为一体。

"两馆"是由奥地利著名建筑事务所蓝天组 [COOP HIMMEL B（L）AU] 与深圳华森建筑与工程设计顾问有限公司合作设计。

设计理念是一块半透明的城市巨石，富于动感的体形既符合中心区城市设计要求，也将建筑本身塑造成一个精美的当代艺术品。

作为一座"概念建筑"，它打破了现代建筑水平、垂直、对称的规律，大量采用倾斜、扭曲、旋转等异形钢结构布置，运用生态化的节能技术，形成一个衔接通畅的有机整体。该工程摘得 2016—2017 年度鲁班奖。

"两馆"是深圳市民中心活力充沛的新元素。在吸引人潮的同时，"两馆"多重的功能需求决定了其特殊的定位，既是具有学术高度和前沿思考的"公共精神空间"，也是培养公众"家园意识"的文化活动中心。

下图：
当代艺术与城市规划馆内景

以个人命名的国家美术馆
何香凝美术馆

1995 年 5 月 13 日，何香凝美术馆经中央批准在深圳兴建，同年命名，因是为纪念何香凝女士而建，故名。1996 年 3 月 1 日动工，1997 年 4 月 18 日建成开馆。 1997 年，广东三个美术馆开馆——广东省美术馆、关山月美术馆、何香凝美术馆，其中两个在深圳。

何香凝美术馆是中国第一个以个人名字命名的国家级美术馆。

何香凝（1878—1972）出生于香港，原籍广东省南海县棉村（现广州市荔湾区海南村），是中国近现代集社会活动家和艺术家双重身份于一身的伟大女性。毕其一生，她为中国人民的解放事业和中华人民共和国的成立，为国家的社会主义建设和民族统一大业，为中国人民与世界各国人民的友好事业作出了重大贡献，在海内外享有崇高威望。

何香凝曾任中国美术家协会主席，她的画作气势恢弘、立意深邃，常借对松、梅、狮、虎和山川的描绘，抒情明志，是她 70 年革命生涯和高尚人格的生动写照。众多艺术家和国家领导人的补笔、题词，使得她的画作更为凝重，绘画作品堪称中华民族的瑰宝。

何香凝美术馆的建筑由香港建筑师龚书楷设计。建筑主体采用灰、白两种色调，风格典雅庄重、素朴大方，于浓郁的传统文化氛围中体现着现代感。建筑利用地基与深南大道的高度差来布局下沉庭院和上层展示空

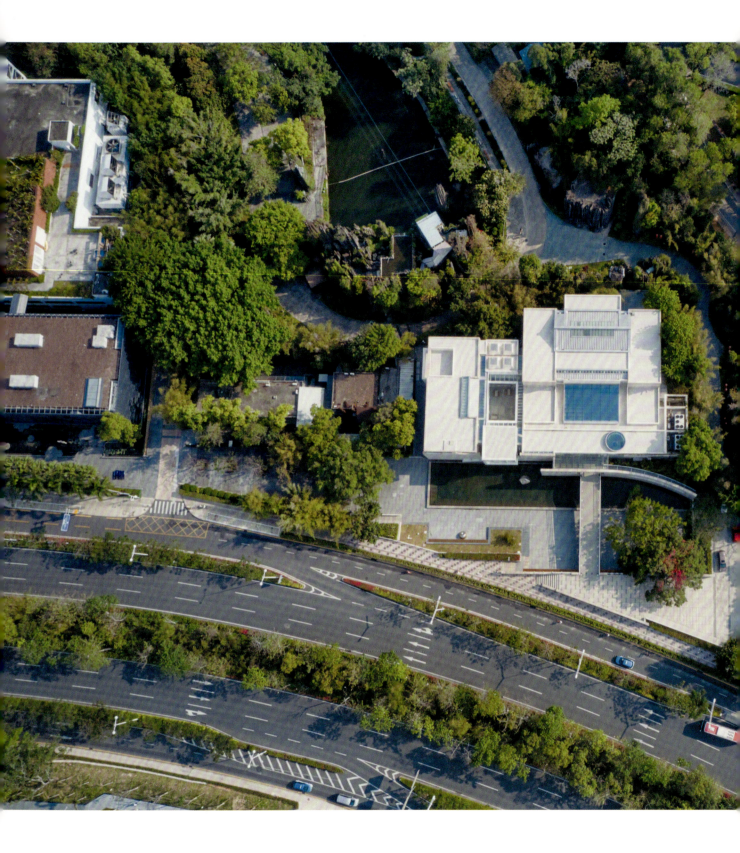

上图： 何香凝美术馆俯瞰

间。入口由旱桥连接深南大道，参观者可直接从深南大道踏入宁静的艺术空间。室内设计充分借用外部的优美景致，当参观者欣赏二楼的展品后，拾级而上三楼时，位于楼梯正前方的通透大玻璃将民俗村的石林"借"进来，宛若一幅活的山水画。

何香凝美术馆占地面积 1800 平方米，建筑面积 5115.9 平方米。主体层数 3 层，主体高度 9 米。设有主展厅、副展厅、多功能报告厅、藏品库、文献库、图书馆、裱画室等设施，主要收藏、陈列以及研究何香凝的艺术创作及艺术文献资料。

自建馆以来，何香凝美术馆作为着力推广和传播何香凝艺术和当代艺术的公共艺术机构，创立了"何香凝艺术陈列""何香凝艺术精品展"（巡展）、"深圳国际当代雕塑展""何香凝美术馆学术论坛""何香凝美术馆人文之声学术讲座""全国美术院校油画专业应届毕业生优秀作品展""海峡两岸暨港澳艺术交流计划""海外华人邀请展"等核心学术品牌。

2005 年 1 月，何香凝美术馆创立了以整合海内外当代艺术资源、推动中国当代艺术与国际接轨为宗旨的"OCT 当代艺术中心"。2019 年 9 月，值中华人民共和国成立 70 周年之际，"何香凝艺术精品展"作为重头展览在何香凝美术馆开幕，令和平时代的人们得以抚往惜今，砥砺前行。

深圳人的
公共艺术空间
关山月美术馆

1994 年 3 月，时任深圳市委领导于北京召开两会期间，在广东代表团审议会上，提出了关山月先生愿意将其一生创作的美术作品捐献给深圳人民的愿望，并表示市政府决定为其建立一座美术馆。这是一次收藏 20 世纪中国美术作品的成功实践，也是深圳经济特区在经济发展取得令人瞩目的成就后，重视文化事业发展的标志性事件。

关山月美术馆于 1995 年元月奠基，同年由开发建设单位起名。关山月先生生前非常关心深圳的美术事业，将其 813 件代表作品及其生活、艺术和教育实践的系统资料全部捐赠给深圳，故深圳市斥资 6700 万元建此馆，用以珍藏其作品，供世人研究和鉴赏。此馆以收藏和研究关山月及其所处的 20 世纪中国美术作品为特色。

1997 年 6 月 25 日，关山月美术馆落成开馆。

关山月美术馆占地面积 8000 平方米，建筑面积 15100 平方米，主体层数为 6 层，主体高度为 23 米。展厅总面积 3600 平方米，展线总长 500 米，可同时或分别举办不同类型、不同题材的大型艺术展览。

上图： 关山月美术馆俯瞰

关山月美术馆建筑造型独特，色彩古朴典雅。建筑前部是一座半圆形的建筑，后背靠一座山，隐喻"山月"。

平面呈三角形，构成清晰的流线。建筑设计方为深圳市建筑设计研究总院。关山月美术馆立足于自身的学术定位，建立收藏体系，让市民在高品位的人文休闲氛围中实现自己的文化艺术权利。2007年，都市实践建筑设计事务所对关山月美术馆的圆锥形中庭及入口空间进行改造。新的幕墙营造出平等共享的透明空间，内部休闲空间的增加更适合当代人的观展习惯，也更有助于美术馆实现作为公共文化机构的空间定位，使得关山月美术馆从一个"高雅艺术殿堂"向"公共艺术空间"转变。

深圳加入联合国教科文组织全球创意城市网络，成为中国第一个、全球第六个"设计之都"，也是发展中国家中第一个获得这一荣誉称号的城市。

成为"设计之都"并非一蹴而就，而关山月美术馆在其中起到重要作用。

老深圳记忆中的城市坐标
上海宾馆

20 世纪 80 年代初，中航深圳工贸中心与上海石化金山宾馆、香港兴业公司一起投资 750 万元建设了上海宾馆。刚开业之时，上海石化从上海派来有多年接待外宾经验的上海国际饭店总经理，宾馆内 90% 以上的员工也都是上海人。

上海宾馆素有深圳的坐标原点之称。

因当时的经济特区建设主要集中于罗湖和上步，上海宾馆以西尚未开发，此处便成为进入深圳经济特区、"去深圳"的第一站，也被看作市区与郊区的分界。以上海宾馆为站名，数十条公交车线路在此穿梭如织，许多市民和初来深圳的人常常以此为坐标点。一本给求职者的深圳生活指南曾这样描述上海宾馆："实在分不清楚方向或者找不到该坐什么车的时候，就坐一辆能够到上海宾馆的车，通常在那里，你会找到到达目的地的公交车，或者至少也能找到一辆车把你带到你认识的地方。"

20 世纪 80 年代的上步工业区聚集了电子工业部、中国航空部等单位。中航集团在上步工业区买了十几万平方米的土地，形成了后来的上海宾馆、飞亚达大厦、天虹商场等一整片区域。彼时的上海宾馆繁华热闹，免税商店的大堂里销售各种进口商品，可以和当时的人民南路商圈相媲美，还有近侧的天虹商场，都是一代深圳人的记忆。今天的上海宾馆依然精致地矗立在深南大道一旁，仍然是"新城市的老坐标"。

下图左：上海宾馆夜景

下图中、右：上海宾馆内海派风格的装修

第一家五星级酒店
南海酒店

1982 年，深圳蛇口工业区已建有 80 多处厂房，并有 50 多家外资公司在此设立办事处，但当时并没有一家高档酒店。时任招商局集团常务副董事长的袁庚和香港美丽华集团总经理杨秉正共同谋划，并联合香港上海汇丰银行与中国银行深圳分行共同投资 2.1 亿港元，四家股东均以直接投入资金的方式参与建设，各占 25% 的股份，建设了深圳第一家五星级酒店。

南海酒店由全国建筑设计大师陈世民设计，他接到的设计任务是"建造一座在内地和香港都没有的、具有独特风格的酒店"。陈世民的设计灵感来自蛇口工业区的发展者——以远洋运输服务起家的招商局。早年的海上运输依靠大型帆船，于是陈世民将南海酒店设计成一艘乘风破浪的帆船模样。南海酒店依托背后的微波山，以分段弧形平面尽力向海面展开。阶梯式的阳台为旅客提供最大限度的观赏面，五组客房呈弧形排列，充满韵律感，从侧面看，好似一艘扬起风帆的帆船。酒店最高点和背后的山体高度相仿，山、水、楼浑然一体。

1984 年 10 月，南海酒店主体工程竣工，这座帆船形的大厦因独特设计而荣获亚洲建筑设计金奖。

1986 年 3 月 26 日，南海酒店正式营业，第一任董事长是袁庚，第一任总经理是杨秉正。蛇口工业区的创办者袁庚曾经对外将蛇口描述为像夏威夷一样美，南海酒店显然为这个东方夏威夷增添了色彩。

1990 年中国内地首次组织评选星级酒店，南海酒店正式被评选为五星级酒店，成为中国内地第一批，也是深圳市第一家五星级酒店。南海酒店因为高规格、精细化的管理，也让它成为酒店管理行业的"黄埔军校"。

2017 年完成的重新改造尽最大可能保留了南海酒店的特色，包括原有的建筑主体，如巨帆式的外观和阶梯式的阳台。

这座从 20 世纪 80 年代开始就以"白色风帆"形象深入人心的酒店，继续成为深圳的一个著名地标，承载着深圳经济特区的历史变迁记忆。

生态艺术文化
综合体
华侨城大厦

华侨城大厦作为华侨城集团在深圳开发 26 年的里程碑式建筑，定位为融合华侨城生态、艺术、文化特色的可持续绿色建筑，由美国 KPF 建筑事务所设计建造。功能涵盖办公、商务配套和商业等三部分，是深圳极具代表性和标志性的都市综合建筑体。

华侨城大厦塔楼建筑高度为 300 米，共 59 层，由 5 栋商业裙楼加艺术街区广场组成，是一个集写字楼和商业区为一体的综合性项目，也是华侨城地标性建筑。华侨城集团是国务院国资委管理的大型中央企业。

曾经创造了世界之窗、锦绣中华民俗文化村、欢乐谷、东部华侨城等深圳地标性的旅游项目。

连通世界的企鹅总部
腾讯滨海大厦

腾讯滨海大厦由腾讯科技（深圳）有限公司于 2010 年投资兴建时命名，因该建筑濒临滨海大道，故名。2017 年 10 月，腾讯滨海大厦作为腾讯全球新总部正式启用。

腾讯滨海大厦为一座双子塔楼，分别是 248 米高 50 层楼的南塔楼、194 米高 39 层楼的北塔楼，以及三个连接两座塔楼的"连接层"，目前可容纳约 12000 名员工办公。

腾讯滨海大厦建筑设计方为美国 NBBJ 建筑设计公司，设计理念为"耸立，却仍相互关联"。

这座集数字化、智能化于一体的大厦，以"互联互通"为特点，象征着互联网将世界各个角落互相连通，也体现了腾讯专注于人和人、人和服务以及未来人和设备的互联互通。

室内设计方为全球知名设计机构加拿大 B+H 国际建筑师事务所，将垂直社区的概念融入整个设计中，以充分体现腾讯独有的社群文化。该大厦设计亮点包括 3 道连接两座塔楼的"天桥"，内部设计成主题各异的"连接层"。21—26 层的中层连接层为"健康链"，包括体育、社交、医疗和会议等设施；34—38 层连接层的主题为"知识链"，由 4 个楼层组成，为员工提供知识共享与交流的空间。

今天的世界上有十几亿的 QQ 和微信用户，从某种意义上来说，腾讯滨海大厦让深圳成为数字虚拟领域的世界中心。

左图：腾讯滨海大厦建筑群俯瞰

深圳湾畔的破浪 "春笋"
华润总部大厦

华润总部大厦是华润集团内地总部所在地，又称"中国华润大厦"，因外部设计宛如破土而出的春笋，也称"春笋"。

华润总部大厦"春笋"与华润深圳湾体育中心"春茧"共同蕴含着"破茧成蝶，雨后春笋"的美好寓意，也是深圳这一充满活力的年轻、先锋城市的生动写照。

2018年12月18日，是中国改革开放40周年纪念日，也是华润成立80周年纪念日；作为献礼，华润深圳湾综合体全面落成，华润总部大厦"春笋"启用，华润置地

在深圳的第二座万象城——深圳湾万象城开业。

从一片滩涂到繁华都会，华润深圳湾记录了这片土地的变迁，也开启了湾区全新发展篇章。

大楼由建筑设计领域的"超高层建筑专家"美国 KPF 建筑事务所设计，采用独特的圆筒形，将东方智慧与西方工艺完美结合，开创性地采用斜纹网格与密柱框架—核心筒结构，构成 380—4430 平方米无柱化灵活办公空间。同时 56 根钢柱既是结构件，又是建筑外轮廓纹理，纯钢的硬朗与曲线的柔韧集于一体，宛若秀丽挺拔的"春笋"从深圳湾畔破土而出，象征着深圳这个滨海城市扬帆致远的胸怀。

大数据时代的生态宝库
深圳国家基因库

深圳国家基因库，是我国首个国家级综合性基因库，也是世界领先的集存、读、写于一体的综合性生物遗传资源基因库。因地处深圳市，故命名为"深圳国家基因库"。

2016 年 9 月，深圳国家基因库举行启动仪式，主体建筑竣工。建设规模约 11.6 万平方米，分两期建成。国家基因库依山而建，环境优美，建筑设计灵感源于一期《科学》杂志封面的哈尼梯田，这期杂志刊发了 2002 年中国科学家在全球首次破译水稻基因组的成果，具有里程碑式的意义。

同时，国家基因库的建筑设计将自然生态的原有面貌和建筑本身的功能性需求融合在一起，打造了一个与外界相对独立、混凝土本色与垂直绿化结合的生态建筑。

这些新的建筑形态昭示着深圳整个产业生态和城市格局的转型与变迁。

07

CHAPTER SEVEN

HI
I'M

SHEN

ZHEN

MARKET

市

在城市中心大鹏展翅
市民中心

市民中心自1998年12月始建，于2001年12月建成。因是深圳市政府机关的办公之地和市民办事服务大厅，取"以市民服务为中心"之意命名为市民中心，命名后沿用至今。

市民中心位于深圳市福田区深南大道6008号，属莲花街道。市民中心作为中心区中轴线的视觉焦点，向北通过屋顶走廊无缝连接深圳书城中心城，并跨红荔路直通莲花山，远望山顶的邓小平雕塑，往南隔深南大道，连接中心区南中轴线上的市民广场、深圳会展中心。

市民中心分为东、中、西三大部分，由被誉为"大鹏展翅"的大屋顶连成一个整体。

市民中心是中国第一个没有围墙的市政府办公楼，也是第一个开放中轴线空间的行政中心。建筑由美国华裔建筑师李名仪 / 廷丘勒建筑事务所（John Ming-Yee Lee/Michael Timchula Architects）设计。整座建筑位于深圳市中心区南北中轴线上，是深圳最大的市政建筑和最具标志性的公共建筑之一。除透明的玻璃外墙形象之外，市民中心最引人瞩目的形象是象征大鹏展翅的蓝色屋顶。大屋顶上封板全部是钢结构，最厚板 60 毫米，结构最大跨度 64 米。一方一圆（天圆地方）、一红一黄（国旗色）的两个柱形空间，也是对中国建筑文化的深入探索。

市民中心夜景

在深圳畅游世界
世界之窗

世界之窗于 1994 年建成时由投资商起名，因是以世界奇观、历史遗迹、古今名胜、民间歌舞为主题的微缩景区人造主题公园，故名。景区于 1991 年 12 月动工兴建，在 1994 年 6 月 18 日建成开园，开园后立刻成为深圳的标志性景观。

世界之窗是以弘扬世界文化为宗旨，集文化、娱乐、休闲于一体的主题公园，由中国旅游集团有限公司和华侨城集团有限公司共同投资建设。

景区按世界地域结构和游览活动内容分为前广场、世界广场、亚洲区、大洋洲区、

欧洲区、非洲区、美洲区、世界雕塑园和国际街9个主题区，内建有130个景点。飞跃美利坚、极速富士山、阿尔卑斯冰雪世界等娱乐项目及特色主题节庆活动是景区的亮丽风景线。

世界之窗位于深圳湾畔的华侨城，囊括埃及金字塔、柬埔寨吴哥窟、美国总统山、巴黎凯旋门、梵蒂冈圣彼得大教堂、印度泰姬陵、澳大利亚悉尼歌剧院、意大利比萨斜塔等世界著名景点。这些景点分别以1∶1、1∶5、1∶15等不同比例仿建。作为景区活动中心的世界广场可容纳游客万余人，正面有10尊世界著名雕塑，广场四周耸立着数十根不同风格的大石柱和近2000平方米的浮雕墙，还有象征世界古老文明发祥地的六座巨门和一座华丽的舞台。在世界之窗荔枝园里，有50多尊世界名雕，如《上帝之手》《掷铁饼者》《太阳神阿波罗》《思想者》等。

世界之窗首创大型广场艺术演出的模式，相继推出《世界在这里相聚》《梦之旅》《拥抱未来》《创世纪》《跨世纪》《千古风流》等大型史诗晚会。

深圳人的狂欢时刻
欢乐谷

1998 年，欢乐谷建设一期工程，建成时由投资商起名，因是一座希望游人"欢乐"游玩的游乐园，故名。2002 年建造二期，2005 年建设三期欢乐时光项目，目前已经过六期滚动发展。

欢乐谷是华侨城集团新一代大型主题乐园，现有西班牙广场、魔幻城堡、冒险山、西部矿镇、香格里拉、阳光海岸、飓风湾、欢乐时光、玛雅水公园九大主题区域。

深圳欢乐谷是国内融参与性、观赏性、娱乐性、趣味性于一体的体验式主题乐园，是首批国家 5A 级旅游景区。其总投资约 20 亿元人民币，是国内投资规模最大、设施最先进的现代主题乐园之一。

自 1998 年开业至今，深圳欢乐谷已累计接待海内外游客超过 6000 万人次，曾连续四年跻身亚太主题公园十强。

园区拥有"全球至尊弹射式过山车"，悬挂式过山车"雪山飞龙"、世界落差最高的"激流勇进"、世界娱乐竞速之王"彩虹赛道"、亚洲首座上冲式水上过山车"雨林巨蟒"、亚洲首座 W 形水花过山车"金涛骇浪"、中国第一座天旋地转"完美风暴"、中国首座 360 度循环过山车"环翼飞车"等全球多个巅峰游乐项目。

移民之城的民族风华

锦绣中华

锦绣中华于 1987 年 9 月动工，于 1989 年完工，并于同年 11 月正式开业，建成时由投资商起名，因是展现中华民族历史、文化、艺术、古建筑、民族风情的微缩景区，故名。

中国民俗文化村于 1990 年 5 月动工兴建，于 1991 年 10 月建成，建成时由投资商起名，因其是反映中华民族民间文化的游览区，故名。

2003 年 1 月 1 日，锦绣中华和中国民俗文化村两园合一，现合称"锦绣中华·中国民俗文化村"。

锦绣中华是中国 5000 年历史文化和约 960 万平方千米锦绣河山的荟萃和缩影，区内 82 个景点均按中国版图位置分布，大部分按 1 : 15 比例复制。

民俗文化村是中国第一个荟萃各民族民间艺术、民俗风情和民居建筑于一体的大型文化旅游景区，区内现有我国 56 个民族的 28 个村寨，是在我国民俗专家和各民族文化学者的指导下、在尽最大努力保持民族风貌的原则上，按 1 : 1 比例建造而成。

锦绣中华以"一步迈入历史，一日游遍中国"的恢宏气势被誉为"开中国人造景观之先河"的杰作。中国民俗文化村则荟萃了中国各地的民族服饰、民族风味、民族建筑及民间艺术风情，有"中国民俗博物馆"之称。

这里的艺术团先后共创作各类民族音乐、民族舞蹈 100 多种，创编大型晚会十几台，还有大型剧场晚会以及大型广场艺术等节目，很多游客不远万里专程前来观看。两

大主题公园开创了中国主题公园之先河，也是世界最大的中国文化主题公园，名声享誉海内外，现已接待中外游客过亿人次。两大主题公园与深圳共成长，不仅促进了深圳旅游业的发展，与之相关的酒店、物流、地产等项目也得到迅速发展。

20 多年来，锦绣中华两景区累计实现营业收入 35 亿元，带动关联产业的发展就达 250 亿元，成为深圳的标志景观。

上图：锦绣中华俯瞰

最开阔的公共空间
市民中心广场

市民中心南面是占地面积 274000 平方米的市民中心广场，于 2005 年 4 月始建，于 2006 年 10 月建成开放。市民中心连通市民中心广场和深圳书城中心城屋顶，形成一个不间断的步行空中走廊，是城市公共空间的创新，也通过空间上微妙的调节构成了开阔、活力无限的市民公共空间。无论晨昏，这个城市最正规、最重要的广场上总有长者的太极、青少年的轮滑、儿童的嬉戏，为城市精神添加了最好的注释。

除了日常的市民生活，诸如深港城市 \ 建筑双城双年展等大型文化活动多次在市民中心广场举办，试图用公共艺术、公共文化活动为广场增添生机，激活城市空间的多种可能性。市民中心广场东西两侧各竖 3 个夜间照明用的灯光塔，塔高 25 米。广场的东西两翼，有大面积的绿地和高大的乔木，其中绿地面积达 100000 平方米，绿化树种 300 余种。广场上还设有 4 个观景台。

自 2018 年以来，市民中心广场还是深圳中心区灯光秀的最佳观景地点之一，每逢节假日都吸引数以万计的市民和游客观看。

左页图：市民中心南北双广场绿地

上图：城市中轴线

东部的城市客厅
深圳·红立方

龙岗中心城主要文化设施由"三馆一城"构成，三馆由北至南为龙岗科技馆、青少年宫、公共艺术馆，金旭大楼即深圳书城·龙岗城。

为吸引更多人走进龙岗、关注龙岗，龙岗区向公众征集更易于传播的名称，最终确定的名称为"深圳·红立方"，因建筑整体为红色的三座立方体，这个命名形象、容易记忆，立方的线性结构听起来也很有严谨的科技感。

荷兰麦肯诺（Mecanoo）建筑事务所与本土的悉地国际设计顾问（深圳）有限公司（CCDI）二者联手为龙岗中心城设计一个与深圳中心区或周边城市场馆形成差异化的大型文化设施，项目最终于 2014 年开始正式的深化实施。四座建筑，两两之间形成充满活力且阴凉的公共空间，通过整体的连接形成一个文化综合体，各功能区既独立又有联系，市民可以自主使用空间的功能和流线。红立方和西侧高密度的商业街区、客家老围屋与东侧零密度空旷的广场之间，也形成了高度的自然过渡。

以龙城广场、龙岗区文化中心、红立方为核心的龙城朝阳景区，跃居深圳的"城市客厅"。

东部的城市中心
龙城广场

龙城广场于 1996 年始建，于 1997 年 6 月竣工，总投资 4000 万元人民币。"龙城"为"龙岗中心城"的简称，命名后沿用至今。

龙城广场位于龙岗中心城的核心区，属龙岗区龙城街道，东起龙广二路，西至三馆东路，南邻万科里商业中心，北隔龙翔大道与龙岗区政府相望。

龙城广场是集休憩、集会、文化、娱乐于一体的大型市政广场，也是龙岗区的政治文化中心，由市政广场，下沉式音乐广场、九龙巨型雕塑功能区三部分组成。

龙岗区于 1995 年建设成深圳经济特区初具规模的卫星城。当时深圳市政府决定在此建设现代化的大工业区，知名企业纷纷在此安营扎寨。龙城广场所在地段是一片面积近 7 万平方米的荒地，北靠区政府大楼，南邻深惠公路，这片黄金地块为不少企业所期待。然而龙岗区不但没有卖这块地，还扩大规划规模，从企业回购 8 万平方米，修建 15 万平方米的"龙城广场"。

龙城广场像一块文化磁石，不断吸引着周边的市民前来。

广场上饲养有 5000 多只和平鸽，广场右侧有"百报长廊"，由两排数十个报架组成 100 米长的读报长廊，人们可在此阅览全国各地的报纸。广场中心的青铜九龙雕塑是我国美术大师韩美林的作品。龙城广场建成时是全国面积最大的县区级综合性文化广场。龙城广场自建成后的各种演出调动了当地人参与文化活动的积极性，也举办了推广传统文化的演出活动，包括大鹏舞狮、坪山麒麟舞、坑梓腰鼓等，不少都成为全国知名的文化品牌。

新时代的云端文化
坪山文化聚落

坪山，是深圳新的文化生长之地。

坪山文化聚落，包括具有变革意义的坪山图书馆，正而酷的坪山美术馆，开放、先锋的坪山大剧院，集文艺演出、文化阅览、公共艺术展览、文化体验、高端会议等多元文化功能于一体，迅速集聚起一批文化、艺术名人，正在成为深圳的东部文化新

地标。

以往的深圳人会觉得坪山荒凉而遥远，自从坪山文化聚落建成后，坪山人在线上线下、随时随地都能享受到高品质的文体生活，尽享公共文化权利和数字时代的福利。

点开"宝藏坪山""坪山图书馆"B站账号，就能经常和许多平时难得一见的专家学者面对面，倾听他们专业的讲解和点评。无论是活动现场的观众，还是云端的活动参与者，浪潮般的欢呼声、喝彩声从未缺席。坪山美术馆的艺术爱好者不仅可以参加线下活动，还可以通过参观虚拟展厅，参与云端导览、线上研讨等方式让"零距离对话"艺术成为可能。坪山文化馆"逐梦在坪山"舞蹈秀、"魅声达人"配音秀等活动也提供舞动花样年华、唱响蓬勃朝气的闪亮舞台，让观众耳目一新。

《这里是深圳》

I'M
I'M
SHEN
ZHEN

08

CHAPTER EIGHT

HOME

家

深圳最早的人类生活遗迹
咸头岭遗址

空间

咸头岭遗址位于大鹏新区大鹏街道下沙社区咸头岭居民小组的海边沙堤上。东南至西北长 150 米，西南至东北宽 200 米，面积约 3 万平方米，出土有新石器时代和商时期的遗存。

名志

咸头岭遗址因附近村落被称为"咸头岭居民小组"而得名。

咸头岭遗址是新石器时代中期环珠江口地区最具代表性的遗址之一，不仅是深圳古文化的源头，其 I 段的遗物更是目前珠江三角洲地区所发现的、有准确年代的新石器时代最早的遗物。咸头岭遗址出土遗存为对珠江三角洲地区距今 7000 至 6000 年间考古学文化的分期、断代，树立了重要的标尺。

上图：咸头岭新石器遗址俯瞰

下图：深圳博物馆收藏咸头岭
新石器遗址部分文物

器物

咸头岭遗址与环珠江口地区同时期其他相关遗址的比较，具有很明显的几个特点：它的面积最大，出土遗物最丰富，器物制作工艺水平最高，新石器时代的重要遗迹主要有灶、立石、建筑基址，以及大面积的红烧土面等。出土陶器以夹砂陶为主，主要器类包括釜、碗、支脚和器座；泥质陶多为白陶和彩陶，还有少量的磨光黑陶，器类有罐、杯、盘、豆、钵等，石器则有锛、拍、砧、石饼、砺石等。

岁月

咸头岭遗址于 1981 年考古调查中被发现，是一处典型的沙丘遗址。

1985 至 2004 年， 深圳博物馆先后对其进行了四次考古发掘。 2006 年，深圳市文物考古鉴定所联合深圳博物馆进行了第五次考古发掘，五次发掘总面积共 2278.5 平方米。

咸头岭遗址是这个城市往上溯，目前为止所能探索到的最早的文化遗迹，但足以昭示数千年前就有人类在这块土地上生活过。他们，究竟是这里的原住民还是新移民？

海拔最高的古村落
半天云村

半天云村建于明末清初，迄今已有约 400 年历史。据说是深圳海拔最高的古村落，建村时由当地村民起名。

因坐落在半山腰上，依山傍海，云雾缭绕，似"半山半水半天云"，名称沿用至今。

半天云村村口有两块被掩埋的石头，前面燃着红烛。这是"井头伯公"，村中五位"伯公"之一。"伯公"是半天云村民心中的山神，老村民都认为，从建村伊始，半天云村就得到"伯公"庇佑。进村前有一座桥，过桥前有"大王爷伯公"，过桥后有"桥头伯公"，沿着村路往高尔夫球场后门岗亭有"牛王伯公"，再往上至大毛田水库有"土地伯公"。

半天云村树林茂密，古树众多。现有两棵树龄 500 年以上的古树，一棵是在村口 530 岁的"秋枫哥哥"，另一棵是在小溪边 520 岁的"秋枫弟弟"。同时还有石笔木、五月茶等古树 18 棵，是深圳现今保护较好的风水林之一。

右页左图：
半天云古村 530 余年的古秋枫树，下有伯公神位
右页右图：
半天云古村国家一级古树，古秋枫树保护碑

国家一级古树
编号 440307559
秋 枫
Bischofia javanica Bl.
大戟科 树龄 约 525 年
大鹏新区管委会
2015年 月

七娘山里有洞天
高岭村

名志

高岭村为大鹏半岛历史价值村落中
初始风貌保存最为完好的村落之一。
高岭代表七娘山北面山腰与山脚下
两处地点。山上是高岭古村，山下
是高岭新村。

空间

相传高岭村建于明末清初，至今已超过 400 年历史，建村于海拔 160 米的七娘山半山处，福建移民周氏家族为躲避战乱迁徙至此。1987 年，高岭村民接受海外侨胞的建议，在七娘山脚下临海处买下地皮，集体建起了高岭新村，并于 1992 年整村搬迁至新村。

族群

高岭村人丁最旺之时，有 50 多栋房屋，400 多名居民。目前，高岭新村登记的常住人口有 120 人，但实际常住的居民只有 30 多人，分散在海外的华人则高达 300 多人。尽管生活在山脚下，但高岭村人仍保存着逢年过节返回古村祭祖的习俗。高岭古村的周氏祠堂是迄今为止保存最完整的老房子，因姓周，村民供奉北宋理学家周敦颐为祖先，祠堂里供着爱莲堂的神位。一副对联写着"宗传姬妲家声远，学绍濂溪道脉长"。从高岭新村上山，要经过一座"三盛桥"。此桥的建成有一段故事，据说当年村民上山需要蹚过溪涧，有一年山里发大水冲走了一名村民。为保障村民平安，由清末民初漂洋过海到海外谋生的侨胞捐资，于民国十五年（1926 年）兴建此桥，桥名寓意为三姓高岭人繁荣昌盛。如今"奕世流芳"石碑文字依稀可辨，桥后有土地伯公庙保佑村民出入平安。

风尚

古村中建筑物造型美观，村中一处西洋风格建筑，圆形大拱门、希腊多立克柱……这些元素都是高岭村侨胞带回来的。高岭人重视教育，在 20 世纪 30 年代建造了高岭学校，专门聘请教师教授村里的孩子，曾有学生近百人。除了学校外，侨胞们还曾在 1936 年捐资兴建了深圳第一套自来水系统，水源为山泉水，还在泉眼下建造了 4 个储水池，其过滤系统现在还能用。

左页图：
中华人民共和国成立之初建立高岭小学，从外面请来教书先生和本村一些有文化的人授课，曾有学生近百人

大鹏文脉怀忠义
王桐山村

空间

王桐山村是因人口迁入形成的村庄，村中主要姓氏为钟氏，建村时间约在清康熙年间。

东有蜈蚣岭，西有王母河，整体朝向西北。现有保存较好的传统民居约20座，主要集中在钟氏宅第内。钟氏祠堂、大宅、炮楼保存完好。

名志

王桐山村，因此地的山上曾有许多王桐树而得名。旧时，又曾因开基祖为钟氏，别名钟屋村。钟姓是王桐山村第一大姓。

岁月

相传钟氏祖先原姓上官，后因祸患逃难至钟山，改姓钟。明朝时，钟氏祖先任朝廷命官，万历年间因犯事得祸，举家数百口从河南登封南逃，沿福建、广东一路流散，其中一支由王桐山村开基祖钟荣启由惠东迁居南澳、西涌、西贡，至钟鸣瑞迁居王桐山开基，第三代钟廷耀高中国子

监太学士时，广东户部主事为之题"宅水腾辉"匾。至今仍高悬于钟氏祠堂中厅，见证了钟家昔日的辉煌。

钟氏家族历来重视教育，《钟氏祖训十二款》《钟氏祖嘱八则》是其家族的家训，教育后人为人处世的原则。《钟氏祖嘱八则》第一条就要求钟氏子孙要"怀忠义"，这样的家训在钟家一直得到传承。抗日战争期间，在国难当头之际，钟胜的 6 个子女、2 个儿媳妇和 1 个女婿全部参加曾生将军领导的华南革命武装，钟胜更是卖掉所有田产、房屋和珍藏，接济东江纵队惠宝抗日游击总队，举一家所能资助革命事业。

风尚

位于王桐山村的大鹏书院有约 300 年的历史，由钟氏家族所建，系当年大鹏地区最具影响力的教育机构。

书院分上书院与下书院，书院师资优良，吸引了大鹏、葵涌、南澳甚至坪山、惠州一带的学子前来上学。在 20 世纪初，不少大户人家的小姐甚至会坐着轿子从周边地区赶过来求学。抗日战争时期，袁庚、钟原、蓝造等一批革命骨干都启蒙于此。钟氏家族所建的大鹏书院亦成为革命的摇篮。

左页上图：
王桐山村内钟氏宅第古建筑群

左页左下图：
王桐山村内古建筑群内景

左页右下图：
王桐山村"天一涵虚"炮楼

广府民居活教材
凤凰古村

空间

凤凰古村位于福永街道东北部风景秀丽的凤凰山下，古村内有 60 余座保存完好的明清古村落建筑群。是广东省内古建筑最集中、保存最完好、面积最大的广府民居建筑群之一，是研究岭南广府建筑艺术的活教材。

名志

凤凰古村原名为"岭下村"，源于凤凰山最高峰"飞云岭"下之村落，故得名。凤凰山古称"凤凰岩"，相传有凤凰飞过大茅山，见此山奇姿秀美，栖息于山岩之中，不忍离去，后人据此改大茅山为"凤凰岩"。凤凰古村由文天祥胞弟后人文应麟始建于元初大德年间，于 1985 年改称"凤凰古村"。

族群

凤凰古村原住民 90% 为文姓，系南宋抗金名将文天祥胞弟的后裔。早在唐代中晚期，凤凰古村所在地就有先民筑屋而居。两宋时期，此地人居规模不断扩展，形成三户成村、四户成寨的小村落集群，有岭下村之名。公元 1279 年，文天祥被元军押解北上，路过凤凰山侧畔的零丁洋，写下千古名句："人生自古谁无死，留取丹心照汗青。"其后，文天祥胞弟文璧的孙子文应麟于元代大德年间携二子及族人避难于此，开村创业。

风尚

相传文应麟躬耕勤业，置田产 80 顷（约 533 万平方米），生活颇为殷实。他体恤贫困百姓，穷人借了他的粮食财物无法偿还，他就当众烧掉借据。岁荒之年，他经常爬上大茅山顶，眺望山脚村落的农家有无炊烟，见谁家断炊，就派人送粮过去救济。为瞭望方便，他在山上建了一座瞭望台，百姓称赞他为"活菩萨"。后人为纪念他，在瞭望台的旧址建起一座望烟楼。如今文氏祠堂楹联刻"烟楼世泽，正气家风"，正是对这段历史的记录。

右页左下图：
凤凰古村内文氏宗祠
右页右下图：
凤凰古村捷卿祖家祠

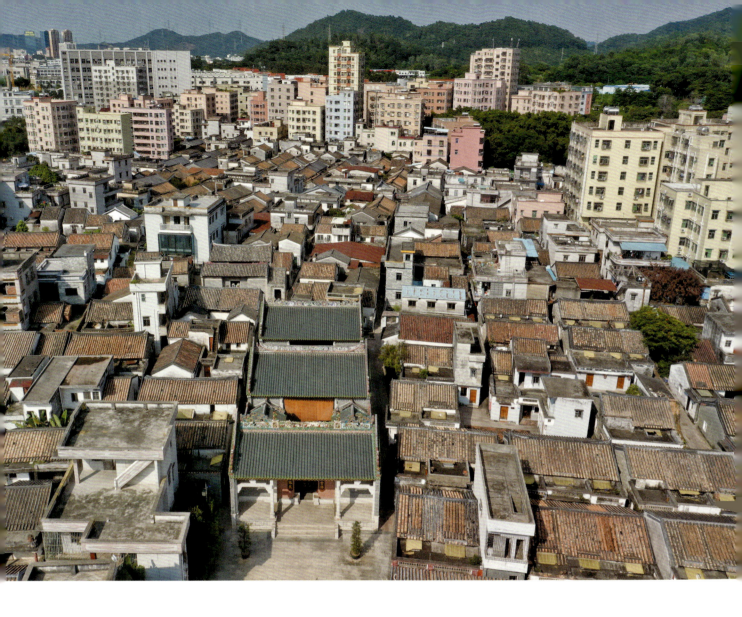

客家老屋里的女校芳华
浪口村老屋

名志

清嘉庆《新安县志》"都里"载有"蓢口"。因"浪"与"蓢"音近，又称"浪口"。浪口村老屋现在还保留 400 多座客家传统民居。客家小屋连排成片，其中还零星散落着 3 栋风格独特的小洋楼，被当地人称为"华侨楼"。该村的北、中、南部各有一栋碉楼。并有始建于清乾隆年间、于 2002 年重建的吴氏祠堂和于 2005 年修建的刘氏祠堂，为现代潮汕风格的新式祠堂。

族群

浪口村以吴、刘两大姓为主，祖先是来自广东梅州的客家人，约于清朝初年迁居此地。现有户籍居民 600 余户，建筑物 800 余栋（间）。

岁月与风尚

浪口村是中西文化的汇聚之地，也是一座开放与传统相互包容的客家村落，拥有百年客家老屋、西式洋楼等特色建筑，已成为深圳重要的文化地标之一。

基督教浪口堂于 1873 年建成。清同治五年（1866 年），巴色会牧师毕安来到深圳浪口传教，不到 50 年时间，浪口村成为大约 70% 村民信耶稣的客家村庄，成为远近闻名的"信教村"，又名"福音村"。后经军阀混战，日军入侵，浪口教堂及学校受到严重破坏，1984 年浪口堂恢复聚会；1994 年宝安区民族宗教科批准正式复堂，并命名为基督教浪口堂。

浪口村的虔贞学校是由村中信徒捐出住宅，改建而成的教堂和学校，始建于光绪十七年（1891 年），重修于 1923 年，是深圳地区目前发现创办时间最早的女子学校，是深圳仅存的基督教早期进入广东地区传教办学的见证。

中华人民共和国成立后，该校先后更名为姜头小学、浪口小学，附近很多居民曾在此读书。1985 年该校被并入大浪小学。

上图：虔贞学校

城中村里的城市高度
蔡屋围

空间

蔡屋围位于罗湖区桂园街道，东起都市名园，西至金塘街，南至嘉宾路，北邻深南东路。北部为蔡屋围大酒店、市公安局，市委、市政府旧址，中部为原"中航技"办公楼、宝安革命烈士纪念碑和人民广场，南部为蔡屋围新围，即现在深圳平安银行、深业大厦和深圳书城·罗湖城所在地。

名志

明清时，该村名为赤坎，也作赤磡、赤墈。清康熙《新安县志》有"赤坎村"的记载，清嘉庆《新安县志》有"赤墈村"的记载。赤墈村原是陈姓和曹姓人家的村落，据《蔡屋围蔡氏族谱》记载，蔡安公九世祖蔡法俊、蔡基俊两兄弟于明洪武元年（1368年），由东莞大井迁至宝安沙浦村，开基立村；洪武二十四年（1391年）又迁至赤墈，其后蔡氏子孙繁衍，于康熙年间发展成老围和新围两村落。后来，赤墈村因蔡氏居住逐渐被称为蔡屋围，名称沿用至今。

族群

蔡屋围曾是深圳最古老的村落之一，也是深圳经济特区内最大的村庄之一，更是著名的侨乡。1961年，蔡屋围用全村百姓筹集的资金和海外华侨的款项共8000港元从香港买回了一台英国产"福克森"牌拖拉机，这是当时宝安县的第一台拖拉机。

1975 年，蔡屋围村民申请过境耕作证，最多的时候村里有 125 张耕作证，他们是深圳最早的一批合法去香港工作的村民。蔡围屋村民凭着过境耕作证，可以自由出入香港，挣来的外汇用来购买推土机、泥头车和化肥，经济实力大增。蔡屋围人通过香港这个窗口，解放了思想、开阔了视野，把握时机发展集体经济，完成了蔡屋围的原始资本积累。1992 年蔡屋围人为经济特区发展作出重大牺牲，拆除祖屋搬出小洋楼，为蔡屋围金融中心区的建设腾出用地。

"蔡屋围"三个字不仅是罗湖飞速发展的缩影，更是深圳发展速度的佐证。蔡屋围被视为深圳的"华尔街"，是深圳金融机构的聚集地，截至 2019 年 9 月，蔡屋围涵盖了全市 74% 的银行机构，80% 的保险机构和 40% 的证券机构，集中了全市 60% 的金融资产、90% 的外资银行。

上图：高楼林立的蔡屋围片区

1995 年，地王大厦以 69 层、383.95 米的总高度成为当时的亚洲第一高楼。

这个纪录只保持了 16 年。2011 年，与地王大厦相邻的京基 100 大厦以 100 层、441.8 米的总高度，取代地王大厦成为当时的深圳第一高楼。2016 年，平安国际金融中心以 600 米的总高度成为深圳第一高楼，深圳高楼地标从罗湖区转到福田区。2019 年，蔡屋围城市更新项目正式启动，将有两座总高度超过 600 米的新高楼从这里诞生，其中，在寰宇大厦原址上新建的 H700 深圳塔，高达 739 米，建成后将取代平安国际金融中心，成为深圳第一高楼，这意味着深圳第一高楼的纪录将再次回归罗湖区。

岁月

20 世纪 20 年代，蔡屋围成为宝安革命运动的中心。1925 年，周恩来率部来到深圳，在怀儒公祠前举行军民联欢会，向民众说明讨伐军阀陈炯明的意义，同年 3、4 月，蔡屋围的 6 名党员成立宝安县第一个党小组。7 月，周士第、廖乾五率陆海军大元帅府铁甲车队 100 多人进驻怀儒公祠等地，协助省港大罢工纠察队，开展农民运动。

21 世纪 20 年代，蔡屋围不仅是中国人民银行深圳市中心支行、四大国有银行深圳总部的所在地，也是深圳最早的证券交易所驻扎地，深圳的第一家上市公司也在这里。蔡屋围汇聚了众多全球 500 强企业，区域价值得天独厚，被视为深圳经济重镇之一。

500 年村龄的闹市古村
湖贝村

空间

湖贝村位于罗湖区东门街道，东起文锦中路，西至翠园南街，南起湖贝路，北至东门中兴路。湖贝村是一个有着 500 多年历史的老村，地处东门商业街片区，属于黄金宝地，此处古代建筑和现代商圈融为一体。湖贝古村保存的清代民居群及近现代史迹，是深圳发展的重要历史见证。

湖贝古村，又名湖贝大围，位于今湖贝路北面，包括东坊、南坊、西坊，是目前深圳经济特区内保留下来的最后一座古村，也是格局最完整的一座古村。

名志

据《湖贝村村史》记述：湖贝，又称湖贝大围。明朝成化二年（1466 年），张氏十二世祖松月公之三子怀月和幼子念月，从隔塘村（今罗湖区水贝村）迁徙到深圳

墟开基立村，建村时，村前有湖，村后有山，故取名湖贝。清嘉庆《新安县志》载
有"湖贝村"，名称沿用至今。

族群

湖贝村张氏是张九龄之弟张九皋的后裔。怀月张公祠是湖贝张氏族人为纪念开基始
祖张怀月而创建，始建于明代中期，在清康熙年间遭破坏，于嘉庆九年（1804 年）
重建。

上图：湖贝村俯瞰

岁月

1925 年 6 月，省港大罢工爆发，遵照中共广东省委和中华全国总工会指示，深圳墟（今东门老街）南庆街 22 号思月书院于 6 月 19 日设立香港罢工工人接待站。香港电车工人分别乘火车或步行到深圳，到思月书院集中，每日由深圳乘火车回广州的罢工工人有 1000 多人。当时，深圳各大小商号以及各乡农民，都积极置备茶粥，欢迎香港工友，罗湖、南塘、水贝、黄贝岭等处的居民还将自己的房屋腾出来，作为罢工工友临时住宿点。

1925 年，革命军第一次讨伐军阀陈炯明，黄埔军校师生曾驻扎于湖贝，并开设"平民夜校"。黄埔军校政治部主任周恩来等曾在此给农军演讲。1951 年土改时成为农会会址，稍后成为湖溪小学和西湖小学的校址。

改革开放后，湖贝人利用毗邻香港的地理优势，做起边贸生意，向商品经济迈进。1982 年，湖贝村开起了第一家酒店，是深圳历史上著名的湖溪酒店，这是当时深圳第一家深港合资开办的酒店。1984 年年底，湖贝村建立当时深圳最大的农产品市场，后来发展成深圳著名的东门市场。2011 年，城中村湖贝旧村全面改造正式启动。2013 年两会期间人大代表提出整体保留湖贝村旧村古民居的建议，在民间引起了诸多共鸣。华润湖贝村旧改项目将结合深圳本土特色，升级和传承湖贝既有印记，将湖贝片区打造成多元复合的"华润湖贝中心"。

风尚

湖贝村在城市发展过程中，逐渐成为外来务工者的聚居地。这里有价格便宜的路边大排档；有 24 小时不打烊的海鲜食街；有持续了 28 年的著名民间粤剧小舞台，从 1987 年至今，一直在持续演出。粤剧爱好者自发在这里表演，自娱自乐，每个月都有数场演出，不仅有罗湖的票友，还有香港、东莞、惠州等地的粤剧票友前来交流，已成为珠三角知名的民间粤剧小舞台。

春天故事的时代样本
渔民村

空间

渔民村位于罗湖区南湖街道，属渔邨社区，东邻渔邨街，西邻渔民村公寓，南靠深圳河，北临渔民村路。渔民村与香港隔河相望，几乎家家户户都有在香港的亲戚。

名志·族群

渔民村原居民是水上人家，没有土地，住在船上，靠打鱼和水上运输为生。20 世纪 40 年代初，吴姓从东莞企石经虎门沿珠江打鱼到此地，随后邓姓也从东莞石井到宝安福永，再到此地打鱼谋生，其他邱姓、麦姓、李姓、施姓、徐姓、吕姓和何姓也相继而至。中华人民共和国成立后，政府从蔡屋围划出 20 多亩（1 亩约 667 平方米）的一块荒地和鱼塘，让这些渔民上岸定居。1953 年，又向蔡屋围两位村民个人买了两块约 30 亩的鱼塘，在鱼塘南面开了一块约 60 亩的荒滩——围仔肚（后改作"笃"），形成了有村舍的鱼塘和渔村，叫"渔民村"。2004 年，村名由深圳市渔丰实业股份有限公司开发建设时申请，经批准后沿用至今。

岁月

渔民村辖地面积为 2 万平方米，户籍人口 430 余人，是中国内地第一个"万元户村"，被视为深圳"春

天的故事"的精彩样本。

十一届三中全会后，中央决定建立深圳经济特区。改革开放初期，在政策的允许下，渔民村利用紧邻罗湖口岸、与香港一河之隔的地理优势，开展小额贸易，组建运输车队和运输船队，发展养殖业，办起了来料加工厂。"到 1979 年，已经有酒楼、珠宝加工等好几家香港工厂来渔民村投产，厂房租金都到了村民口袋里。"1981 年渔民村的集体收入达到 60 多万元。全村 35 户村民，每户平均收入 17143 元，在全国率先实现了"万元户村"。村里还为村民们统一筹建了新住宅，33 栋米色别墅

上图：
渔民村内纪念旧日渔民生活的雕塑

式小洋楼拔地而起，每栋面积 180 多平方米，不仅有花园和围墙，还带一个小鱼塘。当时刚刚开始流行的三大件——电饭煲、电冰箱、电视机，村民几乎家家都有了，渔民村成了当时远近闻名的中国最富庶的村庄之一。

随着深圳市进行农村城市化改造，1992 年渔民村从村庄变成社区，渔民变成市民，村集体企业也变成了股份制公司。同年 11 月 28 日，渔丰实业股份有限公司和董事会成立，这是全国第一批村办的股份制公司。

1984 年渔民村总资产为 300 多万元，到了 1992 年前后，全村资产达 800 多万元。村民们都当上了股东，每年每人能分红 1 万多元。此外，出租房屋成了家庭收入的主要来源，村民每户人家每月仅靠出租房屋一项就有净收入 1 万余元。从"万元户村"变成了"万元户人"，许多困难时期到港谋生的渔民村人都纷纷回流。

20 世纪 90 年代，渔民村迎来改革故事中又一个重要的转折点。渔民村从"城中村"变成了花园式社区。当时随着经济发展和外来人口的增多，不少村民为了增加房租收入，纷纷将房子往上盖，统一的二层小洋楼变成了"握手楼"。一时间，渔民村抢建成风。这种"握手楼"存在着许多隐患。渔民村风光不再，不断有居民向董事会提出要改变现状，重建渔民村。

2001 年，深圳市罗湖区将渔民村作为旧村改造试点。村里专门成立了旧村改造领导小组，重建过程中不要国家和市政府一分钱，自筹资金 9000 多万元，创造了"村股份公司自己组织改造、村民自筹资金"的独特改造模式。同年 8 月，渔民村重建工程全面动工，拉开了全市城中村改造的序幕。2004 年 8 月 18 日，改造后的渔民村变成了一个现代化的"花园式"住宅小区，渔民村村民分到的房子除了自己居住外，余下的房间委托社区的物业公司进行统一出租，业主每月坐享租金。这一城中村改造样本，被称为"渔民村模式"，也成为深圳其他小区和国内各地争相学习的典范。

1984 年邓小平同志曾到该村视察。2012 年 12 月 8 日，习近平总书记来到罗湖渔民村探访居民。

都市里的村庄
岗厦村

空间

岗厦村位于福田区福田街道，东起深大新村，西至彩天名苑，北邻东方新天地广场，南至福华路。

名志

岗厦村建于 600 多年前的元末明初，最早叫岗下村，因村庄建在靠北面的一座山岗下，故名。"下"与"厦"同音，也叫岗厦村。清康熙《新安县志》有"岗下村"的记载，1987 年版《深圳市地名志》记载："岗厦，在深南中路之南，距福田 1 公里……建村于 600 多年前，因村庄建在靠北面的一座山岗下而得名。"岗厦村名称沿用至今。

族群

岗厦村本村居民姓文。据《岗厦文氏族谱》记载，岗厦的始祖文萃是文天瑞的第五代子孙，经过几百年的繁衍生息，岗厦文氏家族后裔人数众多。岗厦文氏的始祖文萃与香港泰亨村的始祖文荫都是文天瑞第四世文垂统之子，垂统祖就葬于现香港落马洲一带，每年重阳节，两地文氏都会有千余人聚集在那里祭祀祖先。

文氏祠堂在岗厦村代代相传。中华人民共和国成立前，岗厦曾被称为"番薯之村"。因为种植很多番薯，岗厦人常常用番薯和上沙、下沙的渔民交换海鲜。

岁月

岗厦人经历了开放致富、工业致富、转型致富三次大转型，从农业到工业再到商业服务业，经历了产业的三次升级转换，经历了城市发展的阵痛，最终从古老乡村融入现代都市。

改革开放之前，岗厦村有水田 2000 余亩，800 多户村民都以种植水稻为生，但是由于地多人少，生活水准相当低下，全村只有 100 多间瓦房。深圳经济特区建立后，岗厦搭上了改革开放的头班车。1983 年 8 月，岗厦企业公司成立，岗厦大部分土地被国家征用，村民"洗脚上田"。1984 年 10 月，岗厦村委会成立，发展集体经济，同时号召村民发展个体经济。

岗厦继而引入"三来一补"企业。1987 年，村委会号召村民集资入股，募集资金 200 多万元，成立了岗厦企业公司投资部（现为天鸿投资发展有限公司）。1991 年，股份部增资配股，村民再次集资 500 万元，

建起禾下工业区，港资和外资企业蜂拥而至。接下来岗厦村村民瞄准市场需求，走上"种房子"的道路，村中出租屋、握手楼随处可见。岗厦村是深圳福田CBD里唯一的城中村，它的发展既是一部城中村奋斗史，也是深圳改革开放的民间样本。

在深圳的一系列城中村中，岗厦村赫赫有名，被称为深圳"最值钱、最有特色、最有名"的城中村。

当时该片区的规划布局混乱、安全隐患严重、市政基础和公共配套设施不足，已经到了非改造不可的地步。

1998年，深圳市政府提出对岗厦河园片区实行整体城市更新，全面融入深圳福田CBD。 2008，筹备10年的岗厦河园片区城市更新改造项目正式启动。2019年深圳福田CBD大型综合体商业项目——One Avenue 卓悦中心一期正式启幕。在卓悦中心中央大街上，艺术中心、名家雕塑、主题广场与文天祥纪念馆等公共文化设施错落分布于各个角落，为深圳人的文化生活带来更多的可能性。

上图：岗厦村

一个村落的城市梦想
皇岗村

空间

皇岗村位于福田区福田街道，原皇岗行政村由上围、下围、吉龙三个自然村组成，
与香港隔河相望。2000 年后建皇岗新村，东至皇庭彩园，西至皇岗公园街，南至皇
岗公园六街，北邻皇岗公园四街。皇岗村在深圳中心区的中轴线上，处在深港口岸
的门户位置。

名志

皇岗村原名"小黄岗村"，清康熙《新安县志》有记载，因村西有一黄土山岗而得名，又称为"上高围"。乾隆年间，状元庄有恭曾到"小黄岗"拜过庄氏祠堂，将"黄岗"更名为"皇岗"，一直沿用至今。2000年在原皇岗村范围内新建村落，为了区别旧村，开发建设单位建设时申请命名为皇岗新村。

岁月

1992年，皇岗村实行农村城市化的"两个转变"，全村580户1680名种田人全部转为城市居民，皇岗村变成了皇岗实业股份有限公司。皇岗村通过招商引资，大办"三来一补"加工制造业，成立集体股份公司，农村变成了城市的一部分。

2006年开始，皇岗股份公司与深圳卓越集团合作打造皇岗·卓越世纪中心，其中皇

上图： 皇岗村俯瞰

岗商务中心楼高 268 米，共有 62 层，具有写字楼、高端酒店、公寓和商铺等功能，是目前中国农村股份公司建设的最高楼宇项目之一。应该说皇岗村是深圳村集体经济转型的典范。

现在的皇岗村是深圳福田区的后花园，自带村级博物馆、图书馆和 2 万平方米苏州式园林公园，也是"深圳的港人聚集地"，被称为"小香港"。

风尚

皇岗村拥有全国第一个"村级博物馆"，馆内收集了皇岗村自中华人民共和国成立以来的文件、实物、照片等，忠实地记录了皇岗村发展的历史轨迹。村里图书馆藏书达 14 万册，村里面的文化广场投资就达 3 亿元。

东西南北万家汇聚
白石洲

空间

白石洲位于南山区沙河街道，隶属于白石洲东社区，东起华侨城，西至大沙河，南起红树湾路，北至北环大道。

名志

白石洲最初叫万家洲，原村民因与官府发生冲突，被赶走。后来，五户吴姓人家从原宝安区公明镇石家村迁移至此，因该村建在海湾的沙洲上，其南面就是深圳湾，村后的小山上立着一块大白石（粗粒花岗岩），故名白石洲。1989 年白石洲开发建设，新建住宅区位于北边的叫上白石村，位于南边的叫下白石村。1994 年，因建设金三角大厦的需要，下白石村一坊 30 栋楼被拆，该处村民迁移于现在下白石新村的位置。

族群

白石洲由白石洲、上白石村、下白石村、塘头、新塘五个自然村组成，村民最早靠出海打鱼、养蚝、种地为生。白石洲原居民 98% 为吴姓，讲粤语。1959 年 11 月，广东省佛山专区农垦局在这里创办了省属国营企业沙河农场，白石洲五村都被划入了农场范畴。1992 年，深圳掀起第一波大规模城市化浪潮，白石洲五村的村民一夜之间变成"市民"，土地不能耕种，村民于是开始"种楼房"。2500 多栋握手楼逐渐布满白石洲。2002 年企业改制，五村村民下岗。2006 年，白石洲成立股份公司，但没有土地，没有物业，连经费都得政府拨款。

岁月

曾经有句话说，没住过白石洲，等于没来过深圳。白石洲是深圳市内最大规模的城中村，也是很多外地人落脚深圳的第一站。这里拥有白石洲和世界之窗两个地铁站，近 40 条公交线路，方圆 5 公里内更是集中了深圳最优质的文化创意和科技力量。虽与华侨城、波托菲诺等高档的社区比邻，但因出租屋众多且价格相对便宜，吸引了约 15 万人同时聚集、流动在这片 7.4 平方千米的窄小土地上。2500 多栋出租屋挨挨挤挤，8 条主要街道曾有至少 1500 家餐饮店。

2019 年 6 月 10 日，白石洲旧改签约正式启动，未来的白石洲或许会成为深圳的又一个经济商务中心，会有很多拔地而起的高楼大厦。

宝安粮仓 醒狮之乡
福永村

空间

福永村位于福永街道福永社区,东起庄屋村,西至新和村,南至福永大道,北邻新旧围。

福永村位于珠江口东岸,处于广州、深圳、香港区域发展的"脊梁"中部,紧邻深

圳宝安国际机场、深圳机场福永码头、京港澳高速公路，这一片区是深圳市海陆空综合交通系统最为全面的交通枢纽区，也是深圳的重要门户。深圳宝安国际机场于1988年动工兴建，1991年正式通航，该机场位于当时的福永镇与西乡镇之间，现在的福永社区中心距离机场约1千米。

族群·名志

古时福永村一带为海洋及芦苇荡，其周围是长年累月海水冲击而成的海滩。早在公元317年，就有先民在此生活。

福永位于珠江口东岸的冲积平原，黏土结构，土质肥沃，盛产水稻，素有"宝安粮仓"之称。

福永的水产同样出名，主产四大家鱼、乌头鱼、基围虾、蟹和鲜蚝，其中基围虾、黄油蟹、跳跳鱼和鲜蚝是深圳市著名海鲜。

现福永村居民中的大姓为陈姓、梁姓和庄姓，其祖先大都在两宋时期随"南迁风潮"迁徙而来。陈姓约于南宋开禧元年（1205年）立名陈屋村，梁姓约于南宋咸淳元年（1265年）立名梁屋村，庄姓约于南宋德祐元年（1275年）立名庄屋村。这三姓合并称为"三姓堂"，又称"三星堂"。之后该村三姓族人父老合村商议，同感三姓族人长期以和为贵，福分不浅，希望幸福永远，故改称福永村。"福永"这个名字在明、清、民国、中华人民共和国，一直沿袭使用，甚至曾经为巡检司、乡、区、镇、公社、大队等建制。2004年6月，经深圳市人民政府批准，撤销福永镇，设立福永街道办事处，福永村隶属福永街道。同年7月，撤销福永村民委员会，设立福永社区居民委员会。

岁月

醒狮舞是福永传统的民间艺术，相传起于清嘉庆年间，已流传数百年。醒狮舞由渔民以竹、木、布或纸扎成狮头和狮身起舞，庆祝丰收或祈祷出海平安。据载，福永村早在清代时就办起自己的醒狮队，每逢节庆都舞狮相助。福永醒狮舞最大的特点在于用眼睛的闭合来表现喜、怒、哀、乐等各种神态，用颤抖来表示狮子的盛怒，并用桩桩、钢丝等道具来展现高超的技巧。1992年，福永村重建醒狮队。近年来，福永醒狮曾多次参加省和全国比赛，荣获金奖，并代表国家参加马来西亚国际狮王争霸赛，荣获第三名。

2003 年，福永被命名为广东省"民族民间艺术之乡——醒狮之乡"。

风尚

福永的杂技同样名声在外。成立于 2000 年的福永杂技团，曾获 2005 年摩纳哥蒙特卡洛国际马戏节比赛最高奖"金 K 奖"和 2010 年法国"明日与未来"国际马戏节比赛总统奖"金奖"两项国际级大奖。

福永万福民工街舞团是一个由青年民工组成的民间街舞艺术团体，成员来自福永街道的各个企业。他们在工作之余聚集在万福广场探讨街舞技艺，精彩的表演时常吸引路人围观，也得到了文化管理部门的大力支持。2009 年舞团参加 CCTV 第五届全国电视舞蹈比赛荣获金奖，2011 年，福永万福民工街舞团在中央电视台春节联欢晚会上表演了《咱们工人有力量》节目，荣获"我最喜爱的节目"评选活动特别节目类一等奖。

儒风海风时代风
沙井村

空间

沙井村位于宝安区沙井街道，东起衙边社区，西至沙井西环路，南起东塘社区，北至沙井北环路。沙井村是一个片村，包括沙井一村、沙井二村、沙井三村、沙井四村。

名志

沙井最早名为"参里"，因东晋时期大孝子黄舒而得名。公元331年，东晋设东官郡，黄舒随父迁到东官郡宝安县，在今沙井一带定居，为深圳地区最早的广府黄氏。黄舒家境贫寒，但受中原文化影响，习得的孝亲礼仪从不懈怠，在父亲与母亲终老后，黄舒分别为他们守孝三年。晋朝皇帝批准旌表黄舒之门，将其比作孔子学生、春秋大孝子曾参，命名他居住之处为"参里"。南朝宋沈怀远《南越志》记录了此事："宝安县东有参里，县人黄舒者，以孝闻于越，华夷慕之如曾子之所为，故改其居曰参里也。"

至宋，参里改名涌口里。因当地设有归德盐场，又以"归德"代称。据《宝安沙井陈氏族谱汇编》载，南宋末，进士、特授议政大夫陈朝举为躲避宋元之交的战乱，随移民潮而南迁，先落籍南雄珠玑巷，后南迁到东莞，最后定居在涌口里附近一处叫云林的地方。沙井义德堂陈氏五世祖陈友亮、陈友敬由涌口里移居龙津孔进坊，为沙井立村之祖。

清康熙《新安县志》中并无"沙井"的记载，只载有"归德场"这一村名。清嘉庆《新安县志》中标注了新增"沙井墟"这一墟市，又称"沙井大村"；同时还记载有"沙井村"这一村名。因该地原为入海河道之冲积平原，掘井多沙，故名"沙井"。

器物

沙井是深圳较早开发的地区，在深圳，除了大鹏所城、南头古城、中英街等著名历史文化胜地外，沙井古墟是另一处珍贵的历史文化资源集聚地，在约 3 平方千米的范围内，有古村落、古祠堂、古寺庙、古井等，建筑造型精美，且大多保存完好，主要文物有龙津石塔、静乐陈公祠、碧涧公家塾、义德堂陈氏宗祠、陈氏大宗祠、洪圣古庙、圣帝宫、观音天后庙、围头井，还有保存完好的民国时期商铺建筑等。

沙井自北宋以来就是广盐的主要产地。归德盐场兴旺时，盐远销到广西、江西等地，现存的龙津石塔就是由朝廷派驻此地的盐官周穆为镇水而建。清嘉庆《新安县志》记载："龙津石塔在邑中之三都沙井村河边，宋嘉定年间盐大使建石桥于沙井之东北，桥成之日波涛汹涌，若有蛟龙奋跃之状，故立塔于上以镇之。"宋代龙津石塔是迄今为止深圳最早的、保存最为完好的地面建筑遗存之一。

族群

由于咸淡水交汇，沙井成为得天独厚的蚝场。

从宋代开始，沙井的先民就在海边的滩涂插竿养蚝，距今已有 1000 多年历史。沙井蚝是深圳最古老的土特产之一，在中国港澳地区和东南亚地区享有盛名。

风尚

沙井古墟是一种活文化，沙井本地居民仍生活在其中，还保留着比较传统的生活方式，如上香、舞醒狮、唱粤曲、拜洪圣公观音、清明祭祖、自梳女等极富南粤风情的民俗生活。

近年来，沙井以"深圳电子元器件的西部集散中心"而著称，以沙井为中心 20 千米半径之内，云集了近万家电子信息企业、电子及其配套产业。

从古老的农家集市到现代的电子科技，沙井见证着深圳的历史衍变，也演绎了深圳传统和现代结合的文化特征。

上图：沙井村内"蚝壳屋"

万家丰收万家萌
万丰村

空间

万丰村位于宝安区沙井街道，东起中心路，西至宝安大道，北至新沙路，南到仁爱路。万丰村老村主要位于万丰二村、万丰三村居民点。

名志

万丰村意为万家丰收，故取该名。初名"疍家萌"，明崇祯《东莞县志》记载村名即为疍家萌，清康熙《新安县志》记为"疍家萌墟"，意为疍家的墟市。后因邓氏迁来而被称为"邓家萌村"，潘氏迁来之后改成万家萌村。据《宝安怀德潘氏族谱》记载，元末明初潘礼智迁邓家萌，开基创业，惜无子，过继潘礼敬次子潘义察为嗣。当时村中邓姓、潘姓、叶姓、廖姓、莫姓、郑姓杂居，且常有姓氏之争。宝安潘氏四世祖潘礼智、五世祖潘义察自福永司怀德村迁居邓家萌后，明代万历年间，潘氏人丁兴旺，耕读传家，已成为当地颇有影响的家族，潘氏十世祖潘甲第改邓家萌为"万家萌"，意为潘氏后代兴旺发达，越发越多。后来，邓家的子孙迁到福永塘尾，其他姓氏也陆续迁往他处，邓家萌成了只有潘姓的单姓村。1954年，万家萌改为"万丰村"，寓意为"万家丰收，永世兴旺发达"，于1977年改为沙井公社万丰大队，于1987年改为万丰村，于2004年改为万丰社区。

岁月

改革开放的 40 多年中，万丰村从一个穷村奇迹般地崛起，跃升为与华西村、大邱庄和南街村齐名的"南国第一村"，它缔造的"万丰模式"一度深刻影响了深圳乃至全国的农村。

20 世纪 80 年代，万丰村在全国率先推行农村股份制，并在不断探索和完善的基础上，创造了被人们称为"万丰模式"的农村股份制经济。

上图：万丰文化村"万景楼"

1984 年初，万丰村与香港彩星集团谈妥的项目没有启动资金，经过研究，党支部决定，采取入股的办法，发行股票，集资办厂，工厂盈利，大家按股份分红。由党员带头，万丰村首次通过股份集资 25 万元，建起 2 万平方米的标准厂房，如期履行与香港彩星集团的合同。次年，每个股东都获取 25% 的红利。在 1984 年至 1991 年融资最为活跃的 7 年间，万丰村（包括所辖 5 个自然村）共从村民手中筹得资金 3400 万元，人均 1.88 万元。1987 年，为了实现共同富裕，抑制贫富两极分化，村里成立一个扶贫性质的万丰全民公司，从集体积累中拿出 400 万元，贷给没有入股的村民每人 5000 元让他们投资入股；50 年内归自己，50 年后归集体，结果使全村村民人人成为股东，都有权利从集体收益中获得股份分红，最终形成共有体制。在分配上，万丰村制定了按劳分配、按股份分配和扶助老弱病残相结合的分配制度。村民们既是劳动者，又是企业股东，还是企业集体股本的所有者。

2001 年，在深圳 218 个行政村中，万丰村成为人均拥有资产最高的村。2002 年年底，万丰村总资产达 18.23 亿元，人均资产 86 万元，年人均收入 3.5 万元，加工出口额 5.9 亿美元，解决了近 10 万人口的就业问题，万丰村当年就提前达到"小康社会"各项指标。

风尚

万丰村有四座宗祠，在建筑的鼎盛时期万景楼是万丰的标志性建筑之一。万丰村还是远近闻名的"粤剧之乡"。潘氏九世祖潘辑在明嘉靖年间倾毕生精力研究粤曲，著有《律吕图说》；潘氏十九世祖潘扬做两广总督时修建"八音楼"建班演戏，历时近 200 年，由潘姓一脉传承，成为家族的文化纽带，有相当高的历史研究价值和传播影响力。

改革开放的"中国第一村"
南岭村

空间

南岭村位于龙岗区南湾街道，属南岭村社区，东起禾地，西靠东雅厂，北靠岭背路，
南连南岭东路。

名志

清康熙年间，南岭村先祖张绍玉公经福建迁至此地，因此地坐北朝南，正南面有座突出的山岭，故名。

南岭村被誉为"中国第一村"，江泽民和胡锦涛都来此村视察过。

族群

南岭村占地面积仅 2 万平方米，村里户籍居民 2000 余人，外来人口约 1.5 万人。

岁月

20 世纪 70 年代的南岭村，以脏、乱、差闻名，遍地是鹅屎鸭粪，人称"鸭屎围"。1979 年年底，南岭村集体资产不足 7000 元，人均年收入不足 100 元，村民"生产靠贷款，生活靠救济"。全村每年要吃国家返销粮两万多斤，还要买入八万多斤红薯以缓解饥馑之忧。

1980 年，南岭村利用优越的地理位置与内地企业办起了第一间内联工厂。

1982 年，利用旧仓库做厂房，引进了第一间来料加工厂。同年，村里获得国家征地补偿费 40 万元。村党支部用这笔资金作为第一桶金，改善投资环境、扩建厂房，吸引了更多的人前来投资设厂，逐步累积了集体经济发展的资本。从 1986 年建起第一个工业区开始，至 1991 年年底，集体分配已超过 1 万元，南岭村实现了第一次飞跃。

1992 年年初，先后投资 9000 多万元兴建第二个工业区，共引进 8 家实力雄厚的企业，其中包括生产激光打印机的知名公司日本兄弟。

1997 年，先后投资 8000 多万元兴建第三个工业区，吸引了日本，中国台湾、香港及内地的 10 家技术含量较高的企业前来落户。

2000 年，江泽民同志视察南岭村，发出了"致富思源、富而思进"的号召。

南岭村投资 8000 多万元建起第四个工业区，已吸引了 7 家企业前来投资，经济发展保持良好势头。

2014 年，南岭村全面淘汰工业园区内的低端产业企业，腾出空间来发展高科技企业，走上了新的发展道路。南岭村与清华大学合作开发清华启迪科技园项目，该科技园于 2015 年开园，致力于为创新型企业孵化、投资和运营提供产业生态空间。

2017 年，村里投入 3 亿元设立了深圳市首个社区股份公司创投基金，并招聘专业投资团队。一手抓工业，一手抓商贸业、 旅游业、文化产业等，大力发展第三产业，以实体产业为主体，以科技和金融为双翼，着力培育一批高科技企业，全力打造新的产业结构。

2018 年，南岭村集体经济固定资产约 35 亿元，村民人均年收入约 15 万元。

中国油画第一村
大芬村

空间

大芬村位于龙岗区布吉街道，东邻大芬美术馆，西至大街，南靠布沙路，北至龙岗大道。

名志

清康熙《新安县志》载有"大分村"，又称"大芬村"。200 多年前，惠州村民迁居至此建村，因村落北面山上春季鲜花盛开，芬香四溢，故名，名称沿用至今。

大芬村作为一个曾经名不见经传的小村落，因一幅幅漂洋过海的油画而闻名，甚至被冠以"中国油画第一村"的美称。

族群

大芬村占地面积仅 0.4 平方千米，共有大小画廊及门店 1800 余家，知名企业 60 多家，户籍居民近 5000 人，村内聚集油画从业人员约 8000 人，周边社区从业人员约 20000 人。

岁月

改革开放以前，村民只依靠种田为生，人均年收入不到 200 元。1989 年，专营外
贸油画的香港商人黄江带着自己的 26 名画工进驻大芬村，在这个芦苇丛生、人烟稀
少的地方开始扎根，开始了国内少有的油画加工、收购、出口的产业，慢慢地，村
内画廊发展到 1000 多家，画家、画师 1 万多人，形成了油画生产、收购和集中外
销一条龙的体系，这便是"大芬油画村"的雏形。

上图：大芬村一隅

一直到 2004 年前，大芬村在行内人眼中只是个临摹世界名画的"批发点"。

2004 年 11 月，大芬油画村亮相首届文博会，成为文化部授予的"国家文化产业示范基地"。

2005 年前后，欧美市场 70% 的油画来自中国，其中 80% 来自大芬村。2005 年，大芬油画村的交易额已超过 2 亿元人民币，其中 90% 销往欧美及中东。2017 年，大芬油画村已实现全年总产值 41.5 亿元人民币，其中内销和外销各占 50%。《纽约时报》《金融时报》、BBC、英国天空新闻频道、NHK 等全球知名媒体多次对大芬油画村进行重点报道。

风尚

大芬油画村以原创油画及复制艺术品加工为主，附带有国画、书法、工艺、雕刻及画框、颜料等配套产业的经营，形成了以大芬村为中心，辐射粤、闽、湘、赣及港澳地区的油画产业圈。大芬村已经不仅是全国最大的商品油画生产、交易基地之一，也是全球重要的油画交易集散地。

2007 年，大芬美术馆建成于深圳大芬油画村内。大芬美术馆是由政府投资，集展览、研究、收藏、公教活动、讲座、公共文化推广于一体的公益性美术馆。2008 年，大芬美术馆被美国《商业周刊》《建筑实录》杂志评选为中国"最佳公共建筑"。大芬美术馆建成后，每年举办展览 40 余次，吸引参观人流量近 50 万人次，从 2012 年起，龙岗区携手中国美术家协会每年举办全国（大芬）中青年油画展，为推动大芬原创提供一个高水准的交流平台。

2018 年，深圳大芬国际油画双年展成功举办，来自世界各国的艺术家汇聚深圳，大芬成为名副其实的国际艺术城区。"大芬双年展"是目前除北京国际美术双年展之外，中国美术家协会另一个与地方政府联合主办的国际大型油画双年展。

深圳的"鼓浪屿"
较场尾

空间

较场尾是大鹏新区内一个靠海的村落，西、北起较场尾路，东、南靠海。

名志

较场尾村因位于西较场的尾部而得名。明洪武二十七年（1394年），明朝廷为了抗击倭寇而设立了"大鹏守御千户所城"（即现今的"大鹏所城"），所城内最多可同时驻扎上千名官兵，在所城外东面的较场（古时练兵之地应称为"校场"，讹为"较场"）训练。后因官兵增多，城内房屋密布，街市繁华，没有训练的场地，城外三面靠山，唯西坑河边有一大块平地，所城官兵便将那块平地平整出来，开建了西较场，即现在的鹏城中学一带。较场尾村因位于西较场遗迹的旁边（尾部）而得名。

族群

现可考最早定居此地的是余姓祖先，他在清乾嘉年间由东莞辗转来到此村，王氏随后到来，至今已有200多年历史。村中世代居住的有余、王、何、张等姓。较场尾历史上最兴旺时有近千人。

器物

村内最悠久的建筑是村口的荣荫桥，当年驻守大鹏所城的官兵从大鹏所城到西较场训练时，每天要涉水过西坑河。因赖英扬将军倡导，官兵在河上修了这座桥。

风尚

2007 年，一群来自丽江的民宿老板来此游玩，被这里的自然环境吸引，从此拉开了较场尾民宿业发展的序幕。2008 年，第一家民宿入驻村落，游客被这种新的游玩方式吸引，于是一传十、十传百，较场尾民宿的名声逐渐传遍深圳及周边地区。之后 10 年，民宿数量不断增加，风格各异的民宿随处可见。截至 2016 年年底，较场尾片区已有 320 余家民宿。

因此，较场尾也被赋予了"深圳鼓浪屿""中国的爱琴海""小丽江"等美名。

较场尾的夜晚

古村落里的南宋遗韵
王母围

空间

王母围位于大鹏新区大鹏街道，隶属王母社区，东起迎宾路，西至建设路，南起大鹏振兴路，北至大坑村。

名志

王母村最早叫黄母峒。有关"王母"一名，清康熙《新安县志》记载："王母妆台，在大鹏王母洞村前，有大石，高数丈，昔传王母梳妆于此。"此处"王母"为宋末杨太后，当时为避元兵追杀，她偕同皇帝宋端宗赵昰和卫王赵昺以及朝中大臣杨亮节、丞相陆秀夫、名将张世杰等，从福州沿海逃往广东，途中曾于大鹏湾登陆，据传在此梳妆。清康熙《新安县志》同样有"黄母峒"这一村庄名称的记载，又称"王母围""王母乡""王母圩"等。1958年公社化时成立王母大队，1984年初大队改乡，乡驻地王母墟。后改名王母围，沿用至今。

族群

王母围是大鹏新区保存完好的古村落之一。

建筑布局规整，整体朝南偏东，呈矩形，街道格局清晰，围内南北向有4条巷道，东西向有9条巷道，共10排建筑、200多间老屋，大部分老屋都保存完好，而且已经出租。居住在围屋内的人员近千人，原居民大都在中国香港、美国等地居住或者在围外建了新居，留下的原居民不足百人。

器物

宋景炎元年（1276 年），元军南侵，都城临安陷落。杨太后和众人逃亡至此，登上村前山边一块形如梳妆台的花岗大石。王母临风对镜，梳理云髻，面对破碎的南宋江山，泪洗红颜，一会儿又匆匆上路，赶赴官富（今称九龙南）。后来，当地百姓才知在此梳妆的贵妇原是宋帝赵昰之母杨太后，于是便把村前山坡唤作"风吹罗带"，而把村庄改称为"王母洞"，那块大石也被称为"王母妆台"。

岁月

1949 年 9 月 30 日晚，这里的干部接到从香港传来的电稿，得知 10 月 1 日将在北京举行开国大典，电稿介绍了首都、国歌、国旗的情况。时任粤桂边纵队参谋长杨应彬组织大家按照电稿说明，制作了一面五星红旗。10 月 1 日早上 6 时许，近千名部队干部、学生和群众在王母墟举行隆重的升国旗典礼。事后才知，大家动手制作的这面国旗，在形制、大小、五星的位置等方面，和真正的国旗基本一致。

饱经风雨的心灵居所
天后古庙

赤湾天后古庙，曾用名有天妃庙、天后庙、赤湾天后宫，始建于明代，是祭祀天后（即妈祖）的庙宇。

明天顺八年（1464年）翰林院学判广东府事黄谏撰《新建赤湾天妃庙后殿记》载："三宝太监郑和，奉明成祖朱棣之命，率领舟师，远下西洋。船队行至珠江口南山附近遇险，请祷天后。天后显灵，救助郑和。郑和归朝，复命奏上，奉旨遣副帅张源整修赤湾天后庙。"天后庙后经历代八次修缮扩建。在20世纪50年代后期，天后庙建筑被毁，建筑材料被挪作深圳水库及深圳展览馆修建之用，仅留下遗址遗迹。

1992年，南山区文物管理部门在遗址上先后复建了门殿、正殿、偏殿、日池、月池、钟楼、鼓楼等。

右页左下图：天后古庙内景
右页右下图：天后像

凤彩龙光护苍生
凤岩古庙

凤岩古庙是凤凰山风景名胜区的主体部分，三面环山，一面临海。古庙建造在飞云岭南侧，供奉神祇为观音菩萨，庙内建有文天祥纪念馆和应麟亭，以纪念文氏先贤。

凤岩古庙在宋末元初建时起名。

据清康熙年间《新安县志》记载："凤凰岩，在茅山之北，巨石嵯峨；广数丈，洞澈若堂室，相传有凤凰栖于内，故得名。"相传宋末元初（大德年间），文应麟避乱来此，正值岁荒，为便于了解灾情，他在大茅山巅建了一座望烟楼，只要登楼望到没有炊烟的村庄，便立即派人去救济。民间传闻，文应麟游览凤凰岩当夜做了一个梦，梦见观音叫他在凤凰岩这里建"凤岩古庙"。于是，他便筹资组织乡人修建了这座庙，一则供奉观音，二则纪念文天祥。因此，远近居民和游人都喜欢到这里进香祈福，庙内香火一直很盛。凤岩古庙经明清民国，由新安邑侯与民众绅耆多次倡修，1983 年再次重建，名称沿用至今。如今，文氏后人仍保留着逢年过节必往凤岩古庙上香拜佛的传统习俗，遇难事或面临重大抉择也习惯在庙里摇一支签。每年大年初一，凤凰社区都会选派专人守在庙宇，奉上首炷香，寓示开年好彩头。古庙正殿前对联所示："凤彩龙光荫福地，岩祇佛宇护苍生。"

最热闹的民间庙会
北帝古庙

北帝古庙是深圳市有名的民俗建筑，供奉北帝，即北方真武玄天上帝。

相传农历三月初三是北帝的诞辰，每年北帝古庙都会举办盛大的"三月三"庙会活动。

庙会始于明朝万历年间，距今已有近 450 年历史。

"三月三"庙会是西乡本土最热闹、最盛大的民间文化活动，仪式开始后，身穿节日盛装的人们将北帝公像从庙中请出，放进特制的舆轿内，由群众抬着沿北帝庙门前道路巡游。巡游以北帝古庙为中心，沿真理街河西路转回北帝庙。巡游时由彩旗引路，长龙打头，长凤紧跟，麒麟尾随，还有舞狮队、民俗舞蹈队，锣鼓喧天，且行且舞，热闹非凡。其中最引人注目的是飘色队，由儿童扮成《西游记》中的人物、送子观音等，"色仔""色女"们三五个列成一排，悬空而立，飘然若仙，引人称奇。巡游队伍中还有带着煲汤的大缸和瓢盆碗勺的，生活气息浓厚。庙会期间，在北帝古庙广场等地还上演木偶戏、地方特色戏和粤剧等表演。

左页图：北帝古庙内殿

小庙见证山河岁月
文武帝宫

坪山文武帝宫是深圳保存最为完整的文武帝宫。

文帝代表孔子，武帝代表关公，文武帝宫是当地客家文化的象征与体现，客家人崇尚孔子、关公，把他们当作神明供奉。据《文武二帝碑文》载，坪山墟创立百余年，人口稠密地方富足，唯独百姓祈求福报而举办的文武二帝之祀未能择得吉祥之地，于是通过占卜择得此处风水宝地。筹资建造文武二帝庙宇，以护佑乡里安稳人心，塑造风俗弘扬美德，培育贤士孕育俊杰。文武帝宫位于坪山墟的核心地段"东胜街"，见证了当地客家人走出围屋、走向墟镇的发展历程。20世纪60年代初，曾作为坪山粮站，成为坪山百姓采购生活必需品的场所，带动了周边戏台、演出等文化生活的兴起，是坪山居民集体文化生活的时代缩影。文武帝宫还是坪山重要的红色革命历史遗址，曾作为广东人民抗日游击队东江纵队的旧址和主要活动场所，见证了坪山人民庆祝东江纵队成立的万人庆祝大会。在中华人民共和国成立前夕，许多热心教育事业的海内外仁人志士，集资在文武帝宫筹建力行学校，也就是坪山区坪山中学的前身。

风调雨顺佑吉祥
谭仙古庙

谭仙古庙始建于明朝（具体年份不明）。谭仙即"长真谭真人"，生于元代，全真道南无派创始人。根据东江地区民间传说，谭仙自幼聪慧，善良纯朴，七八岁能呼风唤雨，伏龙驯蛇，神通广大，十三岁得道成仙，被道教里的太上老君收为弟子，牵一虎云游济世，为百姓救苦救难。清康熙年间沿海"复界"，粤东等移民迁徙落籍新安县，把对谭公的崇拜也带入本邑，选择在山村坳顶或海湾弯道建造谭公庙，祈盼谭公神能为他们预测吉凶，带来风调雨顺、五谷丰登，保佑村民吉祥安康。

深圳谭仙古庙始建于明朝，之所以供奉谭公，是因为传说当年村民开荒时挖到一个香炉，第一天将其搬开，第二天它又自动回复原位。

村民好奇，烧香时询问，得知此乃神仙谭公所为。自此，村民便在当地建庙祭拜谭公。近些年，坪山谭公庙也在农历四月初八谭公诞日，恢复祭祀活动。四月初八一大早，妇女们洗漱打扮一番，赶到庙宇，点燃香烛，叩拜祈福。到了中午 12 时，庙诞负责人点燃一种"冲天炮"，像爆竹一样的纸团冲上天空，然后掉落下来，正在祭拜的人们马上上前去抢，据说抢到纸炮的人，谭公爷会带来好运。祭拜结束后，人们可以奉上一些香油钱，抽上一签卜算前程。更多的人则"行庙街"，买小吃，饮客家黄酒，吃客粄糕茶果等。其中妇人们必买两样东西，一是用葵叶制成圆形有柄的周边用青布（或蓝布）滚了边的扇子，据说用这种扇子搧凉，凉快兼辟邪。还有就是买两朵栀子花，一朵戴在胸前，一朵插在头上，既美又香，还带回谭公爷的一份祝福。

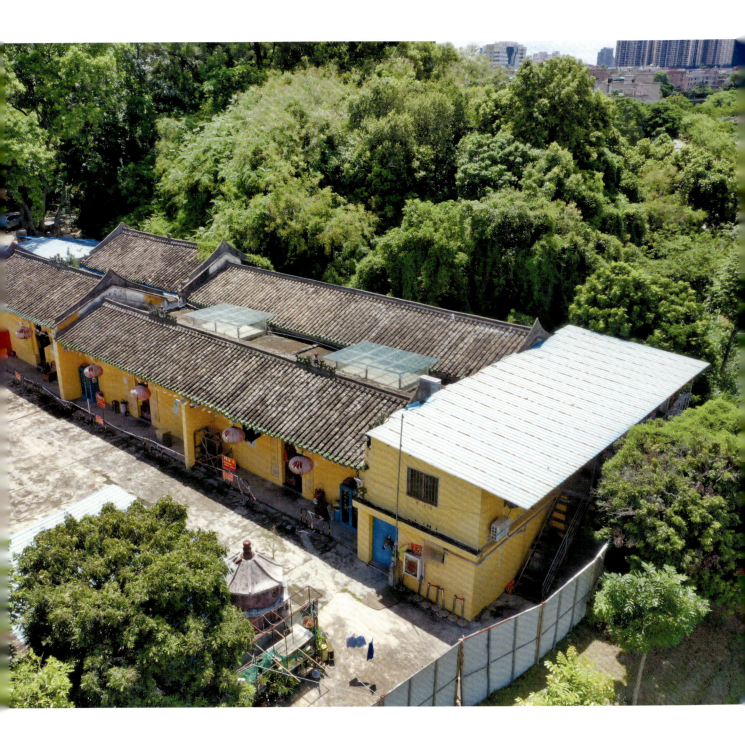

文运昌隆荫福地
文昌阁

文昌阁是深圳市仅存的古代塔阁式建筑。

兴建于清乾隆年间，高 12 米，共三层，始建时起名，"文昌"是文运昌隆之意，名称沿用至今。文昌阁始建时，顶端有一支毛笔，称"文笔"，乾隆年间失火被焚。文昌阁一、二、三层门额上分别刻有"联登凤阁""更上一层""会极"三条横幅。据传几百年前有仙人下凡此地，执笔写下这三条横幅，写完即腾云而去。

文昌阁常年香火不断。据康熙《新安县志》记载："文昌每岁春祭在二月初三日，秋祭在八月择吉举行。"祭品为帛、牛、羊、猪，承制官三献，俱行三跪九叩首礼，祭仪颇为隆重。

文昌阁经过多次重修，至今保存完好。

西风远眺伶仃洋
凤凰塔

凤凰塔是宝安区境内现
存最高古塔，于清嘉庆
二十年（1815 年）建成
时起名，因该塔建于凤
凰村内，故称"凤凰塔"，
又名"文昌塔"。

凤凰塔原为四层，后于清同治年间加修为六层，原塔刹已
被雷击毁，现塔刹为 1991 年重修时所加。1999 年，当地
政府再次拨款重修凤凰塔，基本保留了塔的原貌。凤凰塔
每层塔门上均有石匾或对联，这在古塔建筑中是较为罕见
的。匾联均为楷书阳文，字体刚劲有力。凤凰塔至今已有
200 多年的历史，保存完好，是深圳塔阁建筑的代表作。
塔边一股溪流，绕塔往下方流去，溪边绿榕摇映，风景十
分幽雅。站在凤凰塔顶向西眺望，浩瀚的伶仃洋就在眼前。

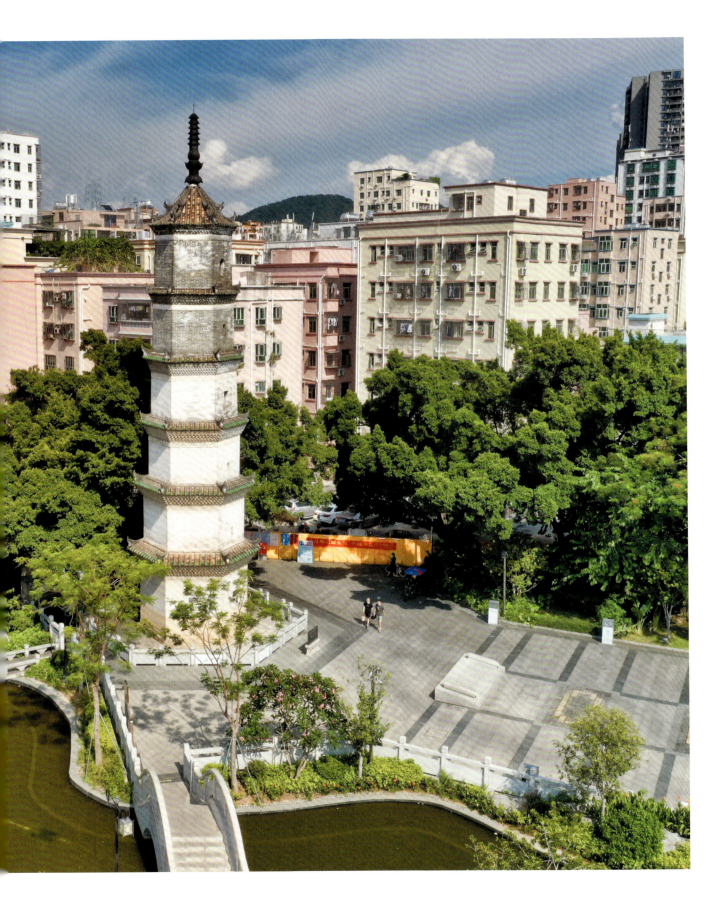

科创胜地的古神庙
大王古庙

空间

大王古庙位于深圳以科技创新闻名海外的粤海街道，占地面积只有 272 平方米，现为五开间两进一天井布局，砖木石结构，坐北朝南，平面呈长方形，由门厅、后厅及厢廊组成。

名志

明代始建时由当地居民起名，现存匾额上书"大王古庙"，名称沿用至今。

岁月

大王古庙始建于明代中叶，主祀南海之神祝融，侧殿祀天后和土地，显示了大冲祖先靠海为生的特点，是大冲最具历史文化遗存的古建筑之一，也是深圳现存最大的大王庙。历经数百年风雨沧桑，原址陈迹几经翻新，香火鼎盛而延绵不绝。

据庙内民国时的碑文所记载："首修于清嘉庆乙卯年，再修于清光绪丁丑年，三修于民国十八年，四修于民国三十六年。"最近一次重修是 1996 年。

2003 年，成为深圳市南山区的区级文物保护单位。

繁华都市中的清净禅林
弘法寺

空间

弘法寺位于罗湖区莲塘街道仙湖路 160 号，建筑面积 3.6 万平方米，建筑群平面呈长方形，背靠着峦峰叠翠的梧桐山，面临碧波荡漾的仙湖水，坐东南，朝西北，依山拾级而建。

名志

原为梧桐仙洞（亦称桃源仙洞）道观，建于清朝后期，规模宏大，占地数万平方米。有殿宇上百间，号称"三十六洞天"，印有《梧桐山集》四卷传世。弘法寺于 1983 年开始筹建，1985 年由本焕长老亲自洒净动工，同年改称今名，取"弘扬佛法"之意。

岁月

1991 年 3 月 28 日，时任全国政协副主席、中国佛教协会会长赵朴初视察深圳弘法寺，在留言簿上留下题词："弘扬佛法，利乐众生，勇猛精进，报国土恩。" 1992 年 6 月 18 日，赵朴初出席深圳弘法寺佛像开光暨本焕大和尚升座典礼，并致贺词。

族群

弘法寺是一座年轻的佛教寺院、充满希望的菩提道场、最具活力的都市丛林，现有僧众 80 余人，多数是接受过正规佛学专业学习的僧人。

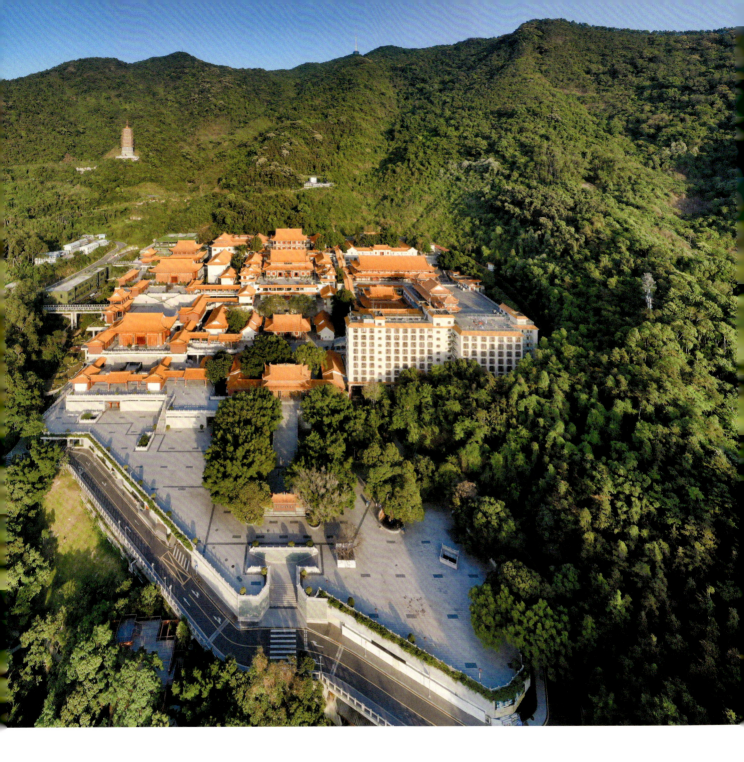

风尚

深圳弘法寺地处改革开放的前沿阵地深圳，毗邻港澳，面向东南亚，是深圳地区香火最为鼎盛、规模和影响最大的佛教寺庙，被誉为我国宗教政策的最好体现，是现代化手段管理寺院成功的典范，是连接海峡两岸暨香港、澳门佛教文化友谊的桥梁。

20 世纪 "共和第一炮"
庚子首义旧址

空间

庚子首义旧址位于坪山区马峦街道马峦山罗氏大屋，属清代晚期建筑，目前整体结构布局尚存。

名志

庚子首义旧址罗氏大屋因是清光绪二十六年（1900 年，庚子年），孙中山领导的第一次武装起义的基地之一，故名。罗氏大屋旧址是当时起义司令部所在地，抗日战争期间，东江军委也曾在此指挥战斗。

岁月

庚子首义之中，以孙中山先生为首的革命党人在此打响了 20世纪 "共和第一炮"。

1900 年 10 月 8 日，兴中会会员郑士良受孙中山委托，准备率领会员、群众 600 余人在三洲田起义。孙中山亲自率领一部分兴中会会员到香港部署，但由于港英当局阻止，无法登岸，便改在船上开会，决定以广东

上图：强华学校

省新安县的绿林和嘉应州三合会为主力。郑士良和三合会首领钟水养负责指挥，孙中山自己到台湾设法接应。

起义的筹备工作定在了三洲田的廖氏宗祠，随着起义的发展，三洲田聚集的革命义士越来越多。廖氏耆老害怕此举威胁到族人的生命，一再要求起义军另选地点。危急时刻，起义军中一位名叫罗生的人将起义军带到了马峦山的罗氏大屋，随后就在此地誓师、祭祖，发动起义。起义军屡败清军，并很快发展到 2 万多人，准备打到厦门去迎接孙中山。孙中山原在日本订购了一批军火。这时，日本新任首相伊藤博文突然改变了对华政策，下令禁止日本军火出口，并不准孙中山等革命党人在台湾活动。起义军血战半个多月，虽然士气旺盛，但弹药已尽，不得已，郑士良只好按照孙中山的指示，将大部分起义军解散，率一部分随从撤至香港。

庚子首义之前，孙中山曾经寄希望于上书、改良等道路，庚子首义是孙中山民主革命思想发生改变的一个转折点，坚定了孙中山推翻清王朝的决心。

抗日烽火中的铁血岁月
土洋村东江纵队司令部旧址

空间

土洋村东江纵队司令部旧址位于大鹏新区葵涌街道土洋社区中心巷 16 号，民国时期
由意大利传教士改造本地民房所建，坐北朝南，为中西合璧风格的天主教堂，包括
主楼、礼拜堂、马厩等。

名志

土洋村东江纵队司令部旧址建筑是在民国元年（1912 年）将本地民房改造建成的。1942 年至 1945 年抗战胜利前夕，广东人民抗日游击队东江纵队的司令部曾设于此，故名。

土洋村东江纵队司令部旧址是抗日战争时期中国共产党领导华南人民进行抗日斗争的军事存在。

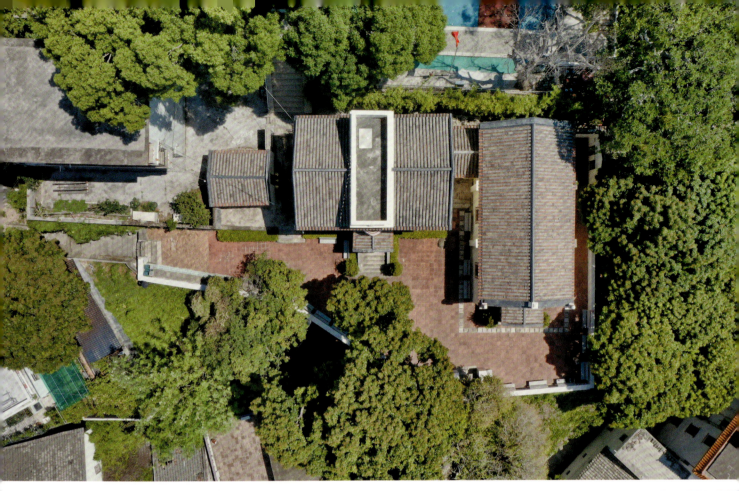

岁月

1942 年至 1945 年抗战胜利前夕，东江纵队将司令部设于此地，1944 年，东江纵队历史上著名的"土洋会议"就在这里召开。

土洋会议对加强广东党组织的建设和军队建设，全面发展广东的抗日武装力量，具有重要的意义，它标志着广东人民抗日武装发展由被动游击转为主动进攻，为广东人民抗日武装的全面发展指明了方向。1945 年 5 月，东纵司令部由此迁往罗浮山冲虚古观。

中华人民共和国成立后，该旧址一度成为土洋小学校址。1984 年 8 月，土洋村东江纵队司令部旧址经深圳市人民政府正式批准命名；1995 年土洋村东江纵队司令部旧址纪念馆建立。

左页上图：
东江纵队司令部旧址俯瞰
左页下图：
东江纵队司令部旧址建筑

星星之火在此燃烧
中共宝安县第一次党代会旧址

名志

素白陈公祠原为燕川村祠堂，建于清代中期，是燕川村陈素白的后人为纪念其祖先而兴建的分支祠堂。

因是土地革命时期中共宝安县第一次党员代表大会召开地，故名。

岁月

1928 年 2 月 23 日，根据广东省委的指示，中共宝安县委在燕川村素白陈公祠召开第一次全县党员代表大会，到会党员代表 19 人。大会由郑爽南主持并做党务报告，省委领导阮啸恒做政治报告。会上选举产生了中共宝安县第一届委员会，通过了《提案大纲》。会议决定重新整顿各级党组织，发展党员，加强宣传工作，创办农民学校、夜校等。这次会议是大革命时期中共宝安地区党组织（包括现在的东莞、深圳、香港等地区）召开的第一次也是唯一的一次党代会，在深圳党史上有极为重要的意义。

大历史的出海口
沙鱼涌

空间

沙鱼涌村位于葵涌河汇入大鹏湾的出海口。早在清代，就于此设立行使海关功能的沙鱼涌子埠，是由水路进出大鹏半岛的重要门户。民国时期的商品交易集中在沙鱼涌东苊海滩，中国香港以及外国商船就停在海面上，然后用小船把商品运到岸边的沙滩上交易。商船运来的商品主要有棉纱、布匹、煤油、香烟、火柴、食品等，内地商人通过古道运来的产品主要是猪、牛、羊、家禽、木柴、木炭以及农副产品。

名志

据传明万历二十二年（1594年），陈姓先祖从福建迁至此建村，因村庄位于河口海边，常有鲨（沙）鱼出没，故名，名称沿用至今。

风尚

沙鱼涌不仅是繁华的商贸港口，而且渔获丰富，"沙鱼涌是个好地方，鱼虾蟹贝堆满仓""落大水，刮大风；阿姨仔，嫁老公；嫁到哪，嫁到沙鱼涌"，这些流传在大鹏半岛的民谣鲜明地反映了当年沙鱼涌的风貌。

右图：
沙鱼涌内东江纵队北撤纪念亭

岁月

沙鱼涌也是红色革命根据地。1925 年省港大罢工期间，工人纠察队铁甲车队曾在此与港英当局支持的广东军阀残余部队发生血战，敌军伤亡约 200 人，铁甲车队伤亡约 30 人，革命家蔡和森的胞兄蔡林蒸在此战中牺牲。1941 年 12 月 7 日，太平洋战争爆发。次日凌晨，日军向九龙、香港岛进攻。12 月 25 日，香港沦陷。为了营救在香港居住的文化名人和民主人士，在周恩来的指挥下，大营救工作秘密开展。其中海上营救路线正是从沙鱼涌登岸后再转入内地，廖承志、茅盾、乔冠华等从此路脱险。

1946 年 6 月，为了执行党的和平方针，东江纵队 2583 名将士在沙鱼涌东芴海滩集结登舰，北撤山东烟台，这就是历史上著名的"东纵北撤"。2012 年东江纵队北撤纪念公园内竖立起"东江纵队北撤纪念墙"，铭刻北撤的 2583 个东江纵队将士名单。

2016 年 6 月，东江纵队北撤 70 周年，沙鱼涌"红色记忆"纪念馆开馆。

左页上图：
今日沙鱼涌内整洁干净的街道
左页下图：
沙鱼涌内东江纵队纪念雕塑

09

HI
I'M
SHEN
ZHEN

PARK

园

东方风来满眼春
莲花山公园

空间

莲花山公园位于福田区中部，莲花街道范围内。东起彩田路，西至新洲路，南邻红荔路，北止莲花路。莲花山公园占地面积 180.75 万平方千米，绿化覆盖率达 93%。公园主峰海拔 100 米，建有 4000 平方米的邓小平铜像广场，矗立着改革开放总设计师邓小平同志的青铜像，是游人缅怀一代伟人、眺望深圳市区美景的好去处之一。在广场北侧是 300 平方米的城市规划展览室，游人可在此了解深圳的建设历程、城市规划及未来发展蓝图。

莲花山公园东、南、西、北都有入口，其中，南面入口是主入口。公园东部区域建有"晓风漾日""雨林溪谷"两大景区。景区西侧是 2010 年建成的"深圳经济特区建立30 周年纪念园"。

名志

莲花山公园位于莲花山，因莲花山七个山头相拥、状如盛开的莲花而得名。该公园于 1989 年被批准命名为"莲花山公园"，名称沿用至今。其于 1992 年 10 月筹建，于 1997 年 6 月 23 日正式对外局部开放。

岁月

莲花山主峰的邓小平铜像高 6 米，重 6 吨，铜像造型呈现邓小平同志大步向前迈进的姿态，充满活力和动感。2000 年 11 月 14 日，江泽民同志为铜像题字和揭幕。习近平、胡锦涛、江泽民、温家宝等党和国家领导人曾来公园参观。

此景区命名"莲山春早"，是深圳八景之一，邓小平铜像入选"深圳十大历史建筑"。

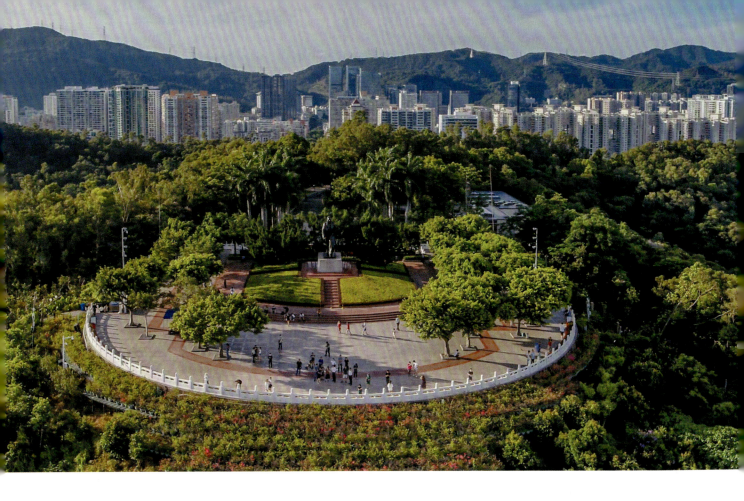

器物

2010 年 8 月，以"园中园"形式建成的深圳经济特区建立 30 周年纪念园正式开放。纪念园入口两侧的巨石寓示着当年蛇口工业区的开山第一炮打开了中国改革开放的大门。走进纪念园，青翠的草坪，北侧三面弧形的厚重石墙上镶嵌着铸铜的浮雕，深圳改革开放 30 年的重大事件在浮雕上一一呈现。三组浮雕墙分别以三首人们耳熟能详的歌曲《春天的故事》《走进新时代》《走向复兴》命名，以深圳改革开放进程中重大的事件为主线，通过写实的雕塑手法表达重要人物群体、历史事件、城市建筑等背后的深圳精神。

风尚

莲花山公园是一个生态型市政公园，也是一座风景优美、环境宜人的人与自然和谐共存的"活的博物馆"，以独特的地理位置和人文景观成为展现深圳风采的窗口。

2021 年 6 月 7 日，新华社刊发"宣言"署名文章《中国没有辜负社会主义》，文章特别提到：深圳莲花山等早已不只是闻名中外的地理标识，更已成为中华民族不甘落后、拼搏奋斗的精神图腾。是的，在这里可以读懂"春天的故事"，听见改革的足音。这朵莲花时时盛开在深圳人的心中。

映日荷花别样红
洪湖公园

空间

洪湖公园位于罗湖区中部笋岗街道内，东起洪湖东路和文锦北路，西至洪湖西路，南临笋岗桥，北近泥岗桥，也是一个位于深圳繁华闹市区的市政公园。洪湖公园总面积约 59 万平方米，绿化率达 95%。公园的主要湿地类型为湖泊湿地，湿地面积达 26.69 万平方米，约占总面积的 45%。湖区由莲香湖、静逸湖、洪湖三大湖组成，是一个以丰富湿地景观为特色，突出荷花文化的综合性公园。

名志

"洪湖"之名因该湖最初为滞洪区。按深圳市防洪工程规划，将布吉河流域的洪水短暂停留在滞洪区内，让下面地区不受灾害。这样一个贮水量达 250 万立方米的湖，称为"洪湖"。1984 年 9 月，公园筹建。1987 年 1 月出版的《深圳市地名志》将其记录为"洪湖水上公园"。1987 年 1 月，深圳市人民政府正式批准成立"洪湖公园"。

族群

洪湖公园致力于荷花景观的营造、荷花文化的传播、荷花种质资源的保护、荷花科研科普的发展，现已基本形成集荷花的观赏、保护、科研为一体的基地。每逢盛夏，百亩湖塘，荷花怒放，蔚为壮观。

风尚

自 1988 年以来，洪湖公园每逢盛夏都举办荷花展，围绕荷花主题，举办荷花摄影、插花、书法绘画、公益演出等各类活动，已成为一年一度深圳市民翘首以盼的赏花乐事。1995 年，洪湖公园承办了第九届全国荷花展，从此在全国具有一定知名度。

用生态构筑浪漫
香蜜公园

空间

香蜜公园位于福田区西部，香蜜湖街道内，东接香蜜湖，南邻红荔西路，由西至东被农园路、泽田路、侨香路和香蜜湖路环围。

香蜜公园是一座集文化、休闲、体验于一体的综合性市政公园，兼具公共开放、生态保护、休闲娱乐功能。

其总占地面积 42.4 万平方米，其中绿化用地面积高达 33 万平方米。公园内分为运动休闲区、果树园区、生态水系区和花卉生活区 4 个功能区。

名志

1998 年，该地规划为公园。2003 年，初步规划建一个福田农科生态公园。2013年由福田区政府负责投资建设。2017 年，香蜜公园正式落成开园，因毗邻香蜜湖，故名为"香蜜公园"。

岁月

香蜜公园前身是始建于 1985 年的深圳农业科学研究中心的科研用地（即深圳市农科集团有限公司前身），其中包括了荔枝林、太空作物园、鲜花批发市场、青藤茶舍等。原农科中心在种植蔬菜、花卉、果树、园林的同时，也承担了相应的科研任务。

右页下图：
香蜜公园水景

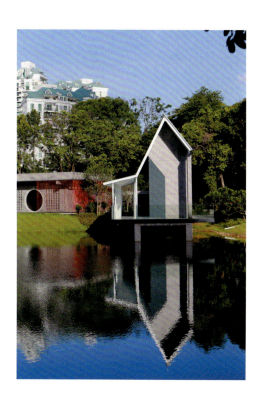

而今公园有艺术编织广场、栈道、荔枝园、旱溪、玫瑰园、花香湖与花蜜湖等公共空间，也包含了花卉博览园、婚礼堂、自然书吧、自然展览厅等公共建筑。以"编织城市文化"为设计理念，通过休闲步道、生态水系和空中栈道等纽带连接了四大功能区，实现了"过去与未来""公园与城市""景观与生活"等多重元素的设计融合。

风尚

香蜜公园最大限度地保护了原地块内的生态资源：尽量不迁移高大乔木，将园内原有植被整合并充分利用；绿化设计将公园周边的市政绿化与景观建筑融为一体，通过绿化组合构建视线通廊，让香蜜公园很好地融入城市。这种建设理念在当下受到广大市民的充分认可。

自然与人文融合的新名片
深圳湾公园

空间

深圳湾公园位于深圳市西南部深圳湾沿岸，地跨福田区沙头街道与南山区沙河街道、粤海街道和蛇口街道，东起福田红树林鸟类自然保护区，西接望海路，南至深圳湾公路大桥，北靠滨海大道，与香港米埔自然保护区隔海相望。深圳湾公园沿海岸线长约 13 千米，规划有 13 个不同主题的区域，所有主题区域通过步行、自行车系统串联。

下图：
深圳湾公园的大运火炬广场

名志

深圳湾公园最初是深圳湾北部滩涂地，因建设滨海大道，由填海造陆而成。当时市政府为保护红树林，将原规划穿过红树林的滨海大道北移 200 多米，把其西面已填海的路基改造建设成红树林海滨生态公园。红树林海滨生态公园始建于 1999 年，于 2000 年 12 月正式向公众开放，于 2011 年与深圳湾滨海休闲带合并，成立深圳湾公园，同年批准命名。

族群

深圳湾公园自 2011 年开园以来，每年人流量高达 1200 万人次，为市民和游客提供

上图： 深圳湾公园俯瞰

了休闲娱乐、健身运动、观光旅游、体验自然等多功能活动的区域，而与之相邻的深圳湾滨海休闲带是深圳市唯一的在密集型城市建筑群中修建的滨海休闲带。

深圳是候鸟从西伯利亚迁徙至澳大利亚的重要"中转站""停歇地"和"加油站"。每年秋末冬初到翌年春夏之交，浩浩荡荡南下的候鸟大军齐聚深圳湾，这里的红树林湿地物种丰富，有大量鱼类、底栖生物和昆虫，成为候鸟的觅食"天堂"。深圳湾公园有长长的海岸线和海滨栈道，十分适合观鸟——靠近海边的地方适合观察水鸟，公园内植被丰富的地方则适合观察林鸟。

器物

2011 年深圳主办第 26 届世界大学生夏季运动会之后，深圳湾的大运火炬塔成为深圳的城市新地标之一。

大运火炬塔高 26 米，外观上就像是一座"书山"，每一本"书"都代表一届大运会，在每本"书"上都刻有一届大运会举办的时间和地点，深圳大运火炬塔就是第 26 届大运会的永久记忆。

风尚

深圳湾公园曾荣获国际风景园林师联合会（IFLA）评选的第九届风景园林奖设计类杰出奖，它连接着海洋与城市，沟通了自然与人类，是一条生态型的绿色滨海长廊，也是一张体现深圳生态与人文相融合的城市文化新名片。

仙境似的生物科研殿堂
仙湖植物园

空间

仙湖植物园位于罗湖区东北部，莲塘街道内，东倚梧桐山，西临深圳水库，南接莲塘，北靠新平村和梧桐山村。

仙湖植物园是国家4A级旅游景区。

建有国家苏铁种质资源保护中心、木兰园、蝶谷幽兰、阴生植物区、孢子植物区（幽溪）、棕榈园、竹园、蕨园、仙人掌与多肉园、药园等 21 个植物专类园和深圳古生物博物馆，并拥有几十处园林景点。

名志

仙湖植物园于 1982 年 10 月经批准正式定名。1987 年 1 月出版的《深圳市地名志》将其记录为"仙湖风景植物园"，规划定位是"游览憩息度假和科普教育的理想园地"。因园中有一处碧潭幽水，名为"天池"，后有人拟一楹联"凤凰栖于梧桐，仙女嬉于天池"，自古至今人们皆视此为"仙境"，故名为仙湖。

2008 年，仙湖植物园纳入中国科学院体系，挂牌成立深圳市中国科学院仙湖植物园。

族群

仙湖植物园是一座集物种保育、科学研究、科普教育、旅游休闲为一体的多功能植物园。

园内保育的活植物约有 12000 种，是中国最主要的植物保育基地之一。

左页上图：
仙湖植物园苏铁种质资源保护中心
左页下图：
仙湖植物园内邓小平手植树

汇聚世界风情的城中园林
深圳国际园林花卉博览园

空间

深圳国际园林花卉博览园位于福田区西部，香蜜湖街道范围内，东接广深高速公路，南连深南大道，西邻侨城东路，北靠侨香路。

这是一个集园林花卉博览、文化艺术、科普教育、旅游展览、太阳能并网发电于一体的五星级公园。其绿化覆盖率达 93% 以上，种植有 1800 多种奇花异草。

名志

深圳国际园林花卉博览园简称"园博园"，前身属原黄牛垅绿化隔离带。2004 年至 2005 年，第五届中国国际园林花卉博览会在此举办。博览会开幕时，该园建成开放；闭幕后，该地转为市政公园并更名为深圳国际园林花卉博览园。

风尚

园博园按照人与自然相和谐的规划理念，利用原址自然地貌，营造出一个依山傍水、自然优美的环境，更是一个观赏研究古今造园手法，并具有休闲科普功能的城市大氧吧。

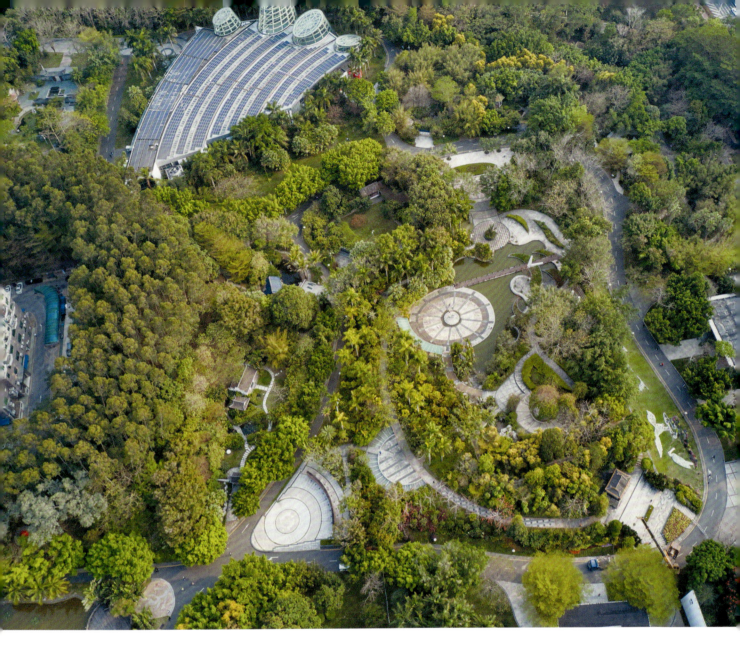

园博园的近百处园林中，几乎每一处都承载着丰富的文化，包括历史掌故、诗词歌赋、文化收藏、地方风情、绘画雕塑、石刻碑记、楹联匾额等。有杭州雷峰塔、广州羊城八景、河北柏坡人家、惠州东坡园、郑州的武之魂等；有尼泊尔花园、日本庭院、美国休斯敦星球花园、肯尼亚花园等。游客可体验每处中外园林作品的艺术精华，识别园林的基本构成，感受园林形式的多样性。

族群

园博园也是一个生态之园。园内栽培植物共有 137 科 366 属 900 余种。其中蕨类植物 14 科 21 属 26 种，裸子植物 9 科 20 属 36 种，被子植物 114 科 325 属 800多种。

左页上图：
园博园俯瞰

左页左下图：
江南园林缩微景观

左页右下图：
母子情雕塑

右页图：
园博园标志性建筑福塔

老深圳最喜爱的亲海乐园
大梅沙海滨公园

空间

大梅沙海滨公园位于盐田区东部，梅沙街道内，东起大梅沙海边，西至环梅路，南起盐梅路，北至大梅沙喜来登度假酒店。

大梅沙海滨公园东北、正北及西北三面均被山包围，东南面向大鹏湾，中间则是平缓开阔的沙滩，拥有独特的山海景观资源。

名志

大梅沙海滨公园于 1999 年始建并命名，因建于大梅沙海滨地带，故名。"梅沙"

来源于当地方言，当地客家人将细幼的滑沙称作"霉沙"或"糜沙"，谐音为"梅沙"。
清康熙《新安县志》即有"大梅沙村""小梅沙村"的记载。

族群

大梅沙公园建成后免费开放，为市民提供优质海水浴场。因此，深圳市民尤其是来
深的劳动者，在辛苦工作之余都特别喜爱前往此处休闲。每到夏季周末，公园的单
日游客数可超过 15 万。来深圳旅游的人都要去过大梅沙，才算是到访过这座滨海城市。

风尚

2001 年，首届大梅沙国际风筝节举办，也是深圳举办的第一个风筝节。2011 年 8
月第 26 届世界大学生夏季运动会在深圳举行。大运会沙滩排球场馆位于大梅沙海滨
公园，这里拥有深圳最长的海滩，适合举办"最真实的沙滩排球赛"

艺术街区的春花秋月
宝安四季公园

宝安四季公园位于宝安大道和创业一路交叉口的四个区域，是通往宝安中心区和前海的重要节点，被称为"宝安之眼"。用一个"环"将被道路分割成四个街角绿地的地块合成一个整体，运用波浪铺装、艺术雕塑、弧形看台等元素，为行人提供停留和望远的视线。

宝安四季公园于 2019 年开园。整个公园的设计依据场地属性，分为四个片区，分别是文化宝安之春、创新宝安之夏、乐活宝安之秋、艺术宝安之冬。创新宝安由"四季之门"雕塑、椭圆形音乐旱泉广场和地形草坡组成。"四季之门"造型大气优雅，成为地标性景观。在设计建造过程中遭遇了 200 年一遇的"山竹"台风，大量乔木被吹倒。设计师围绕遗留下来的乔木进行测绘，结合景观的细节，调整园路避让乔木，打造地形草坡和树池坐凳。

同年 10 月，宝安四季公园获得 A&D2019 建 + 设大奖，该奖项是亚洲顶尖设计大奖。

清清净净的世界
青青世界

青青世界为"鹏城十景"之一。

这是一座集植物科学科研、科普教育、物种迁地保存与展示、植物文化休闲以及生产应用等功能于一体的多功能风景园林植物园，也是深圳市唯一进行植物学基础研究、开展植物多样性保护与利用等研究工作的专业机构。作为国际植物园保护联盟（BGCI）和中国生物多样性保护基金会成员，青青世界充分利用自身丰富的植物资源和科普展览厅、古生物博物馆特色景区等设施，开展植物学和古生物学知识科普宣传活动。

景区自然风光与民族文化相融，精致农业与旅游观光互补，具有浓厚现代色彩的山林野趣。

1996年，我国著名的词作者乔羽将《青青世界》写成歌曲；1997年，那英在春节联欢晚会上演唱，青青世界名声大震。

青春活力的新中心
大运公园

大运公园也称"大运自然公园""龙岗区大运公园"，是为大运会配套的大型体育生态公园，赛时服务大运，赛后服务于广大市民及游客。大运公园原址在老围村，老围村与石溪、对面岭都以巫姓为主，统称巫屋。清朝末年，先祖从惠阳、惠东迁至此建村，即为老围村。20 世纪 80 年代，老围村与石溪、对面岭分家。该地有巫氏宗祠，故名老围。2007 年，因大运会筹办把老围村整体拆迁，改建成公园。该公园始建于 2009 年，2011 年正式开园。

大运公园是"融入自然山水之中，以健康、活力为主题的体育生态公园"。

它贯穿整个龙岗中心片区的生态板块，既是具有文化和艺术气息的生态公园，也是向世界传播中国观念的窗口。

新自然与新运动的摇篮
虹桥公园

空间

虹桥公园位于深圳市光明区光明街道，总面积 403 万平方米，整体规划结构为"一轴三区"。"一轴"即虹桥，"三区"分别为入口区、碧湖运动区和森林运动区。

名志

虹桥公园原名为光明小镇森林运动公园，后改名为红桥公园，最后定名为虹桥公园。

岁月

为把公园建设得更好，2018 年，光明新区举办了虹桥公园概念方案设计国际竞赛，收到 53 份有效方案，最终荷兰设计团队 LOLA 带来的"摇篮之森"主题设计方案脱颖而出。公园自 2019 年开工建设，于 2021 年建成。

风尚

"摇篮之森"将公园定位为新自然与新运动的摇篮。公园可持续自我更生，不断丰富生物多样性和运动休闲方式的可能性。贯穿全园的虹桥是一大亮点，长达 4 千米，宽 5 米，如一条亮眼的红色飘带，连接多个主题空间，打造多层次景观体验。虹桥还特别设计了旋转坡道，方便行动不便的人士在公园游玩。2021 年春节，虹桥公园迎来了开园客流高峰，仅大年初一到初三就涌入游客 20 万人次。整个春节假期，入园游客达 34 万人次。

深圳以西的滨海风情
西湾红树林公园

宝安区拥有得天独厚的滨海资源，市民可在金湾大道旁眺望红树林和飞鸟。宝安滨海线是深圳唯一的湾海交界地。

宝安区在此兴建了风景绝佳的滨海公园——西湾红树林公园，占地45万平方米，建有总长约13千米的园路、3千米长的滨海步道。融汇红树林文化、西乡地域文化和滨海文化。西湾红树林公园一期以"多彩西湾、活力生活"为设计理念，以保护红树林、木麻黄、榕树等原有植物为前提，以走近红树林为特色。开园后，公园内游人如织，成为众多新人拍摄婚纱照的必选地。

宝安的城市绿肺
宝安公园

宝安公园因地处宝安而得名，自 1994 年筹建，于 2002 年动工，至 2005 年元旦建成开放。

宝安公园内主要地貌类型为低山，山体约占 90%，最高山峰海拔 125 米，土壤以花岗岩赤红壤为主，并有少量侵蚀赤红壤。

公园在保留原有植被的基础上进行景观林改造，成为功能完善、生物多样性高、景观价值高的城市公园。

根据 2017 年的调查，宝安公园内有植物资源共 126 科 305 属 413 种，其中被子植物占绝大多数，共 108 科 287 属 394 种，蕨类植物有 13 科 13 属 14 种。植物特性与公园所处的亚热带海洋性气候条件相符。

深圳的另类原住民与新移民
广东内伶仃福田国家级自然保护区

名志

广东内伶仃福田国家级自然保护区于 1984 年 10 月建成时命名，由内伶仃岛猕猴自然保护区和福田红树林鸟类自然保护区两部分组成，故名。

族群

内伶仃岛保存着较完好的南亚热带常绿阔叶林，植物种类繁多，有维管植物 619 种，其中白桂木、野生荔枝等为国家重点保护植物；野生动物资源也十分丰富，主要保护对象为国家二级保护兽类猕猴，此外还有水獭、穿山甲、黑耳鸢、蟒蛇、虎纹蛙等重点保护动物。

内伶仃岛自然保护区建立的目的主要是保护岛上的猕猴种群及生态环境。内伶仃岛有"猕猴王国"之称，在 20 世纪 80 年代早期有猕猴 200 多只，1987 年时已发展至

600 多只，到 2020 年已增加至 1000 多只。

福田红树林鸟类自然保护区有高等植物 170 多种，其中，红树林植物 9 科 16 种；鸟类 194 种，其中黑脸琵鹭、黑嘴鸥等 23 种为珍稀濒危物种。

福田红树林鸟类自然保护区呈带状分布，形成曲线长约 9000 米的红树林片区，广阔的福田红树林滩涂湿地与香港米埔自然保护区构成了完整的深圳湾湿地生态系统，肥沃的水质养育了数量繁多的水生动物，也为水鸟提供了丰富的食物，是候鸟南迁北徙重要的"歇脚地"和"加油站"。据观察记录，在全球多处自然保护区的建立以及市民大众的努力下，红树林保护区的重点保护对象——全球濒危珍稀鸟类黑脸琵鹭的数量已经由 1988 年香港观鸟会发表第一份黑脸琵鹭统计报告的 288 只，上升到 2020 年全球观察到的 4463 只。

左页上图：
内伶仃岛上的野生猕猴
左页下图：
福田红树林鸟类自然保护区内的黑尾塍鹬群

"海上大熊猫"的家园
珠江口中华白海豚
国家级自然保护区

名志

1999 年 10 月，广东省政府批准建立珠江口中华白海豚自然保护区；2003 年 6 月，国务院正式批准晋升为国家级自然保护区。

空间

珠江口中华白海豚国家级自然保护区位于珠江口北端，属珠海市水域范围内，北至内伶仃岛，南至牛头岛，西至淇澳岛，东至香港大屿山，与香港中华白海豚自然保护区接壤，总面积 460 平方千米，核心区面积 140 平方千米，缓冲区面积 192 平方千米，实验区面积 128 平方千米。

族群

珠江口中华白海豚国家级自然保护区的主要保护对象是国家一级保护动物中华白海豚，包括中华白海豚栖息活动区域即保护区的自然环境、水质环境、海底环境、渔业资源和生物多样性。在珠江口的中华白海豚数量是我国资源、数量最大的中华白海豚群体，种群世代完整，且具有一定的繁殖规模。

上图：中华白海豚

小宇宙里的大世界
田头山市级自然保护区

名志

田头山市级自然保护区的前身是田头山森林公园。该保护区因以田头山为主要组成
部分而得名。田头山因地处"田头乡"范围内而得名。

空间

田头山市级自然保护区规划面积为 20 平方千米，包括赤坳水库、麻雀坑水库、头陂
水库及周边山地森林，主要为田头山山体林地。

族群

田头山市级自然保护区的面积仅占深圳市面积的 1%、广东省面积的 0.01%，却拥有深圳市植物总种数的 60.2% 和广东省植物总种数的 23.7%，这是在深圳地区乃至珠三角地区都比较少见的、生物多样性较为丰富的地区，极具生态典型性。

该保护区主要保护对象为南亚热带低山常绿阔叶林森林生态系统、内陆水库湿地生态系统和珍稀濒危动植物栖息地。该保护区植被资源丰富，以热带、亚热带科属成分为主，有大片面积的天然次生林和众多珍稀植物，包括 30 多个群落（群丛），其物种多样性和物种平均值较高，为深圳市保存最为完好的低山常绿阔叶林之一。

保护区野生动植物种类繁多，生物多样性丰富，既是深圳市东部森林生态系统重要组成部分和生态走廊，也是深圳市重要物种基因库之一。保护区有国家重点保护野生植物 22 种，其中蕨类植物 5 种，兰科植物 15 种。在这些珍稀濒危植物中，存有许多古老、孑遗的种类，如蚌壳蕨科起源于古生代石炭纪，桫椤科植物在中生代初期就已经出现，起源于 4 亿年前的志留纪，是世界上最古老的活化石。有各类珍稀濒危植物 44 种（含兰科），隶属于 20 科 42 属，其中中国特有种 25 种，如华南马鞍树、华南瘤足蕨、穗花杉、罗浮买麻藤、栎叶柯、白桂木、韧荚红豆及广东木瓜红等。其中，华南马鞍树为广东地区的特有种，分布区相当狭窄。

深圳区域 VR 全景

福田区	罗湖区	盐田区	南山区	宝安区

龙岗区	龙华区	坪山区	光明区	大鹏新区

我们与深圳相遇的瞬间

深呼吸！

想象自己在海边。

脚下是沙滩，面前是大海，头顶是浩瀚无际的星空。

你脚下的那片沙滩，从成为砂子那天起已经沉睡了几万年，也许你们是第一次感受到彼此的温暖和柔软。

你面前的大海，如果我们换一个名字——地表水，有 40 亿年不变的化学成分，形态曾经是汽、云、雨或冰，循环往复，周游过这星球的每一个角落，甚至借助呼吸进出过你的身体。

你头顶的星光，最远也许来自 138 亿年前的宇宙深处，没错，那个时候宇宙刚刚诞生不久。它们要经历漫长而寒冷的时间旅程，见识过无数寂寞燃烧的恒星、孤独漫步的行星、密集耀眼并优雅旋转的星云，然后逃过黑洞引力的捕捉，最终突破大气层，抵达人类的视网膜。

当我们从这样一个时间维度来看自己，我们每个人的存在就像是黑暗森林里一闪而过的烛火。那我们所生活的城市是什么？也许就是被烛火投射在幕布上的，像万花筒一样，一个色彩斑斓的瞬间？

并不是借此慨叹人类生命的短暂与其本身的渺小，作为一个拥有智慧的碳基生物，即使只有一秒的燃烧，也有让宇宙惊艳的价值。我们想说的是：你和我，还有我们和他们，以及"它们"，在这个时空里的相遇，多么不容易！

这是一场漫长的旅行，在宏大、空旷而寂寞的宇宙中，我们正在经历的一切都是时间的魔法，因此，每一分、每一秒、每一草、每一木、每个你、每个我、每个"它"……都值得彼此珍惜。

在过去的岁月里，这个星球上的人们习惯称深圳是一座年轻的城市，因为这座城市从诞生到今天，只有40多年。但人们忽略掉的一个事实是，"深圳"并非像海市蜃楼或太虚幻境一般，转瞬之间，凭空出现。

数亿年前这片海域就有了生命；数万年前这片山林就有了喧哗与骚动；数千年前，史有所考，这片土地上就有了人类文明；此后是无数原住民和新移民的故事，在这里源源不断地上演。

这也是为什么本书用这样一个篇章结构来讲述深圳的故事。

我们从"海、山"开始，探寻生命的缘起和这座城市最根本的自然格局。

我们从"川、途"开始，触摸这座城市充满活力、生生不息的基因。

因为有了"山海连城""川途涌动"，我们才明白何以为"城"，何以为"市"。

而"城市"，就是你、我、我们和它们，是万千生灵共同的"家园"。

"深圳"并不是一个抽象的名字，也不是一个孤立的存在，更绝非一场短暂的时空表演，它是生命的奇迹、历史的硕果、文明的结晶，为了抵达这一天，我们和我们的祖先已经跋涉了亿万年。

我们想要爱它、呵护它，更应该去了解它，关注它；不仅仅是赞赏流光溢彩的都市景观，罗列它令人惊叹的数字，更应该深入细节、深入历史，挖掘它生长过程中的动人故事。

从故事里，我们才能明白，我们为什么会在此时此地相遇。

我为什么是我，你为什么是你？

《这里是深圳》编委会

主　笔	汪　洋
监　制	南兆旭
项目执行	徐　胜
统　筹	周　威
设计制作	李尚斌　王秀玲　吴圳龙
项目制作	越众文化传播
摄　影	越众文化传播航拍团队
	欧乐天　欧阳箭　梁　巍　杨　晖　王　炳
	南兆旭　严　莹　周　威
机构供图	图虫网